KB137989

보부아르의 애매성의 윤리학

그러나 혼자만은 아니다

그러나 혼자만은 아니다
보부아르의 애매성의 윤리학

시몬 드 보부아르
한길석 옮김

초판 1쇄 발행 2016년 10월 10일
펴낸이 강경미 **┃ 펴낸곳** 꾸리에북스 **┃ 디자인** 앨리스
출판등록 2008년 8월 1일 제313-2008-000125호
주소 121-840 서울 마포구 합정동 성지길 36, 3층
전화 02-336-5032 **┃ 팩스** 02-336-5034
전자우편 courrierbook@naver.com

ISBN 9788994682235 93190

파본이나 잘못 만들어진 책은 바꾸어 드립니다. 책값은 뒤표지에 있습니다.

인생 그 자체는 좋은 것도 나쁜 것도 아니다.
좋고 나쁨은 우리가 어떤 인생을 만드는가에 달려있다.
그러니까 인생은 좋음[선]과 나쁨[악]이 생겨나는
장소에 지나지 않을 뿐이다.
-몽테뉴-

보부아르의 애매성의 윤리학

그러나 혼자만은 아니다

시몬 드 보부아르 ㅣ 한길석 옮김

꾸리에

일러두기

1. 이 책은 시몬 드 보부아르의 『Pour une morale de l'ambiguïté』(Gallimard, 1947)를 완역
   하였다. 한국어판 번역에서는 『The Ethics of Ambiguity』(Secaucus, N.J.: Citadel Press,
   2000)를 텍스트로 삼았음을 밝혀둔다. 단, 프랑스어 원서와 대조하는 과정을 거쳤
   다.
2. 국내에 출간된 책은 출간명을 따랐으나 미출간 저작인 경우 원서명을 그대로 살리거
   나, 완전히 번역하지는 않았다.
3. 원서의 강조 부분은 **고딕체**로 표시했다. 한국어판 독자들의 이해를 돕기 위해 넣은
   옮긴이 주(*)는 본문 하단에 실었으며, 본문 중간의 [ ]는 역자 첨언 또는 부연설명
   이다.
4. 외래어 표기는 일차적으로 국립국어원 표기법을 따랐지만 현재 더 널리 통용되는
   표기는 예외적으로 그대로 사용했다.

I

애매성과 자유

몽테뉴는 이렇게 말했다. "우리 인생은 결국 죽음에 이르기 마련
이다." 이어서 그는 다음과 같은 라틴어 시를 인용한다. "시간은
우리에게 생을 부여했지만, 이제 그것은 우리 생을 뺏어가 버리
네. *Prima, quae vitam dedit, hora corpsit*"* 그리고 이런 시구도 이어 붙인다. "
우리는 생을 시작한 그 순간부터 죽어 가누나. *Nascentes morimur*"** 동
물과 식물은 이 비극적 양면성을 그저 감내한다. 하지만 인간은
이를 알아채고 그에 대해 생각한다. 그리하여 인간은 ['이성적
동물', '생각하는 갈대' 같은] 역설적 존재로서의 새로운 운명을
맞이한다. '이성적 동물', '생각하는 갈대'로서의 인간은 자연조
건에서 벗어나 있는 존재다. 그렇다고 해서 인간이 자연조건으

*1세기경 로마의 시인이자 철학자 세네카Lucius Annaeus Seneca의 『헤라클레스의
분노Hercules Furens』(VIII, 74)에 나오는 구절.
**1세기경 로마의 시인이자 점성술사 마니리우스Marcus Manilius의 『천문보
Astronomica』(IV, 16)에 나오는 구절. 원문은 이렇다. "우리는 생을 시작한 그 순
간부터 죽어 가누나. 끝과 시작은 짝을 이루는 것인저.*Nascentes morimur, finisque
ab origine pendet*"

로부터 자유로운 존재가 되는 것은 아니다. 인간은 [자연이 부여한 한계에서 벗어나 세상을] 의식하는 존재이기는 하지만 여전히 세상의 한 부분에 지나지 않는다. 인간은 외부의 힘에 사로잡힐 수 없는 어떤 순수 내재성a pure internality을 지니고 있다고 자부한다. 그러면서도 인간은 자기 아닌 다른 사물들의 숨겨진 힘the dark weight에 의해 으깨지는 일개 사물에 불과하다는 것을 절실히 경험한다. 인간은 매 순간 자기가 실존한다는, 결코 일시적이지만은 않은 진리를 깨닫는다. 하지만 흘러가 버린 과거와 아직 오지 않은 미래 사이의 바로 그 순간 실존한다는 것은 사실 아무것도 아니다. 자기가 우주 만물의 주권자이자 고유한 주체라고 여기며 내세우는 이 특권은 실은 모든 인간과 공유하는 것에 불과하니 말이다. 결국 인간은 타인의 견지에서 보자면 일개 사물일 뿐이다. 인간은 집단에 의존하는 개체에 지나지 않는 것이다.

　세상에 사람들이 존재하고 살아가는 한, 모든 사람들은 그들이 직면한 조건에 얽힌 이 비극적 애매성을 절감해왔다. 그러나 세상에 철학자들이 존재하고 사유하는 한, 대부분의 철학자들은 이 비극적 애매성을 감추고자 애써왔다. 그들은 정신을 물질에 환원시키려 하거나 물질을 정신에 다시금 흡수시키고자 했다. 그도 아니면 정신과 물질을 아예 단일한 실체에 융화시키려고 노력해왔다. 이원론을 받아들였던 철학자들은 자아 중에서 구원받을 수 없는 하찮은 부분은 그냥 내버려 둬야 한다는 영육靈肉의 위계질서를 세웠다. 그들은 삶과 죽음을 합쳐 버리거나 불멸을 약속함으로써 죽음을 부정하였다. 혹은 반대로 삶이 열반의 진리를 가리는 환영의 장막에 불과하다고 여기면서 삶을 부정하였다.

　이들이 신봉자들에게 제시한 윤리는 언제나 같은 목표를 추구하게 한다. 이들은 윤리학을 순수 내재적인 것pure inwardness 아니면 순수 외재적 것pure externality으로 만들어 버렸다. 이들의 윤리학은 감각계에서 벗어나 있거나, 이와 반대로 감각계에 사로잡히게 되었다. 혹은 영겁에 무릎 꿇거나 아니면 순간에만 몰두하도록 만들었다. 이런 방식으로 철학자들은 애매성의 문제를 제거해왔다. 헤겔은 이보다는 영리했다. 그는 인간 조건의 여러 국면 중 어느 것도 제거하려 하지 않은 채 그 모두를 조화롭게 아우르고자 했다. 헤겔의 체계는 다음과 같이 말한다. 순간은 시간이 흘러도 사라지지 않고 남아있다. 정신Spirit은 자연Nature을 인정하면서 동시에 부정한다. 이런 정신에 직면하면서 자연은 자기를 주장한다. 집단 속에서 사라져 버렸던 개체는 다시 그 안에서 발견된다. 개인의 죽음은 인류 전체의 삶the Life of Mankind 속으로 사라져 버림으로써 오히려 완성된다. 그리하여 인간은 피비린내 나는 전쟁터에서조차 정신의 부단한 생성을 단적으로 나타내는 놀라운 낙관론 속에서 안식을 취할 수 있게 된다.

　지금 세상에는 너무나 복잡한 상황에 대한 골치 아픈 국면들을 어둠 속에 그대로 묻어두기를 바라는 수많은 교설들이 여전히 존재한다. 그러나 우리를 속여 넘기려는 그들의 시도는 헛된 것이다. [이런 식의] 비겁함은 쓸모없는 일이다. 그들은 이성적 형이상학이나 위로의 윤리학을 가지고 우리를 꾀어내지만 이런 것들은 우리가 시달리고 있는 질병을 악화시킬 뿐이다. 오늘날 사람들은 그 어느 때보다도 그들이 처한 조건이 역설적임을 절감하고 있다. 사람들은 자기가 모든 행위의 궁극적 목적임을 알고 있지만, 긴급 행위가 요구되는 절박한 사정에서는 어쩔 수 없이 서로를 도구나 수단 혹은 방해물로 취급하게 된다는 사실도 알고 있다. 세상의 주인이 되는 경우가 많아지면 많아질수록 어느새 우리는 제어할 수 없는 힘에 의해 으깨지는 신세임을 더욱 자주 깨닫게 된다. 인간이 원자폭탄의 주인이기는 하지만 그것은 우리를 파멸시키기 위해 창조되었을 따름이다. 각자는 비교할 수 없을 정도의 고유한 맛을 지닌 인생을 살아간다. 그러나 [이 특별한] 개인들이 지구에 버금갈 만한 크기의 거대한 집단 속에서는 벌레만도 못한 처지임을 절감하게 된다. 인간의 위풍이 이토록 찬란하게 선언된 시대도 없었을 테지만, 이처럼 끔찍하게 우롱당하는 시대도 없을 것이다. 하지만 모든 순간, 모든 경우에서 이토록 허다한 거짓이 건재함에도 불구하고, 진리는 밝혀지기 마련이다. 그것은 삶이자 죽음인 진리이며, 내가 홀로이자 세상에 묶여있다는 진리이고, 내가 해방된 몸이자 예속된 존재이기도 하다는 진리이며, 자신이 하찮은 존재이자 최상의

중요성을 지니기도 한 존재라는 진리이고, 내가 개체적 인간이
자 보편적 인류이기도 하다는 진리이다. 세상에는 스탈린그라
드도 있지만 부헨발트도 존재한다.* 그리고 둘 중 어느 것도 상
대방을 일소해 버릴 수 없다. 인간은 이와 같은 진리로부터 벗어
날 수 없다. 그러니 액면 그대로 바라보도록 노력해보자. 애매성
을 [인간 조건의] 근본적 사실로 전제하도록 하자. 우리 인생의
진정한 조건에 대해 알게 된다면 살아갈 힘과 행동해야 할 이유
를 이끌어 내게 될 것임이 분명할 테니 말이다.

　애초부터 실존주의는 애매성의 철학이라고 스스로 정의하
였다. 키르케고르의 실존주의는 헤겔의 견해에 반대하면서 애매
성은 [종합이라는 상위 개념으로] 환원될 수 없다고 주장했다.
우리 세대의 실존주의자 사르트르는 『존재와 무L'Être et le Néant』에
서 기본적으로 애매성의 철학을 가지고 인간을 규정하였다. [그
에 따르면] 인간은 존재일 수 없는 존재성을 지닌 존재이며, [의
식 경험의] 주체라는 것은 [세계의 대상물에 의존하지 않는 자
립적 형식으로서가 아니라] 세계 속에 현존하는 경우에만 구현
되고, [그런 까닭에] 인간은 연루된 자유로 규정되며, [대자적
의식 주체로서의 자신이] 타인에게는 [즉자적 사물로서] 직접

---

*스탈린그라드(현 볼고그라드)는 인본주의를 수호하기 위해 나치에 대항한
전쟁터 중 하나였고, 부헨발트는 나치의 집단수용소 중 하나가 있었던 장소였
다. 맥락상 각각 해방과 억압, 자유와 노예, 인간성의 수호와 인간성의 부정 등
을 상징한다.

적으로 주어지는 [것을 의식하게 되는] 대자pour-soi, the for-oneself의 엄습을 당하는 존재로 규정된다. 그러나 사르트르는 실존주의란 부조리하고도 절망적인 철학이라고 주장하기도 했다. 실존주의는 인간을 무용한 번민과 공허한 주체성 속에 가둬 버린다. 이 사상은 선택의 결단을 하기 위한 그 어떤 원칙도 제공하지 못한다. [속되게 보자면] '저 하고 싶어 하는 대로 놔둬라. 어쨌든 지게 되어 있는 게임일 뿐이다'라는 식이 된다. 실제로 사르트르는 인간이란 일개 '무용한 열정'이며, 대자존재와 즉자존재en-soi, the in-itself의 종합을 실현하려고, 그리고 인간[일 뿐인 자신]을 신으로 만들려고 헛되이 노력한다고 주장하지 않았던가? 맞는 말이다. 하지만 가장 낙관적인 윤리학이란 인간 조건에 포함된 결핍failure이라는 요소를 강조하면서 시작하는 윤리학이라는 점 또한 맞다. 결핍 없이는 윤리학도 없다. 자기 자신과 정확하고도 완전하게 일치한 존재[즉자존재, 반성적 의식이 없는 존재]에게 애당초 당위 개념the notion of having-to-be이란 아무런 의미가 없다. 신에게 윤리학을 선사할 수는 없는 노릇이다. 인간이 자신을 주어진 것으로서의 자연*으로 규정한다면 그런 인간에게는 어떤 윤리학도 제시할 수 없다. 인간을 자연 사물과 다를 바 없는 존재the

---

*'nature'라는 말은 '자연' 이외에도 '신', '본질', '본성' 등의 복합적 의미를 지닌다. 서양 윤리학에서 이 용어는 인간이 자율적으로 수행하는 윤리적 결단과 대립한다는 의미를 함축한다.

man-thing로 규정했던 심리학적 혹은 경험적 윤리학이 이른바 자기식의 윤리학적 입장을 그럭저럭 수립할 수 있었던 데에는 그들의 인간 규정 속에 몇몇 결함flaw[요소]을 은밀히 도입했다는 사정이 존재한다. 헤겔은『정신현상학Phänomenologie des Geistes』마지막 부분에서 자연과 도덕성 간의 불일치가 존재할 경우에만 도덕의식이라는 것이 존재할 수 있다고 말하였다. 만일 윤리법칙이 자연법칙이 되어 버리면 도덕의식이란 사라질 것이다. 만일 도덕적 행위가 절대적 목적이 된다면, 그것은 도덕적 행위가 현존하지 못하게 만들 정도로 절대화될 것이다. 역설적 '전치displacement'가 발생할 정도가 되는 것이다. 실존주의에 따르면, 오직 자기 존재에 대해 의문을 품는 존재, 자신으로부터 거리를 취하는 존재, 자기를 실존시켜야만 하는 존재만이 당위적 존재가 될 수 있다.

좋다고 하자. 그래도 결핍은 여전히 극복될 필요가 있다[라고 반박할지도 모른다]. 그렇지만 실존주의적 존재론은 이런 소망을 용납하지 않는다. 인간의 열정은 무용하다.* 지금의 내가 아닌 존재가 되는 묘수란 없다. 이 또한 맞는 말이다. 사르트르가『존재와 무』에서 역설했던 사실, 인간의 모험이 불임성의 측면을

*사르트르는 인간이라는 존재가 끊임없이 지금의 자기를 부정하고 초월하려는 '불행한 의식la conscience malheureuse'이자 '무용한 열정la passion inutile'이라고 말하였다. 사르트르적 의미에서의 공리주의적 관점에서 보자면, 이런 현존재의 부정과 초월의 시도는 무용한 짓이고, 불행한 인생을 살게 만드는 싯이다. 그러나 실존주의는 '공리주의적' 관점을 비판하면서, 오히려 부정의 시도를 추구하는 열정 덕분에 인간이 실존하게 된다고 생각한다.

지닌다는 점은 맞는 말인 것이다. 『존재와 무』 마지막 쪽에서 사르트르는 윤리학에 대해 위에 쓰인 것과 같은 [다소 비관적인] 전망을 개진하였다. 그러나 실존에 대한 그의 설명을 잘 곱씹어 보면, 이러한 묘사가 기댈 것이라곤 아무것도 없어진 인간의 저주받은 운명에 대해 말하는 게 아니라는 점을 깨닫게 될 것이다.

　『존재와 무』에서의 결핍에 대한 설명은 확정적이기도 하지만 동시에 애매성을 함축한 것이기도 하다. 사르트르는 인간이란 "존재**할 수 있기 위해서** 존재성을 **스스로** 결핍시키는 존재"라고 말했다. 이 말은 무엇보다도 인간의 열정이란 바깥에서 가해지는 것이 아니라는 것을 뜻한다. 인간은 열정을 [외적으로 주어진 규범에 의해서가 아니라 자기 의지를 가지고] 선택한다. 이것이 바로 그의 존재이다. 그리고 이것은 불행[한 인생]이라는 관념을 함축하지 않는다. 이런 선택이 무용한 것으로 여겨진다고 한다면, 그것은 인간의 열정[=현존재의 부정을 통한 실존의 열정] 밖에 있으면서 이[열정]보다 앞서는 가치, 즉 무용함과 유용함을 구분해준다고 하는 절대적 가치란 존재하지 않는다는 이유에서 그러하다. 여기서 [내가] 사용한 "유용하다"라는 말의 의미는 『존재와 무』에서 견지한 관점과는 다르다. 이 말의 의미는 오직 인간이 세운 목표와 기투에 의해 건립된 인간 세상에서만 규정될 수 있다. 인간을 엄습하는 원초적 무력함의 상태에서는 그 어느 것도 유용하거나 무용하지 않다. 따라서 인간이 묵종하고 있는 이 열정에 대해서는 그 어떤 외적 정당화도 찾을 수 없다는 점을 깨달아야만 한다. 외적 호소나 객관적 필연성은 유용하다고 하는 존재를 허용하지 않는다. 스스로 의지^{will}할 수 있는 근거를 **지니**지 못한 상태가 되는 것이다. 그렇다고 해서 정당화할 방법이 없다는, 즉 [의지할 수 있게 하는] 근거를 지니지 못했다 해서 그것을 **자신에게 제공**하지 못한다는 뜻은 아니다. 그리고 사르트르는 사실 인간이 존재**하기 위해** 자신의 존재성을 스스로 결핍시킨다고 말했다. **"하기 위해"**라는 말은 어떤 의도성을 분명하게 나타내고 있다. 인간이 자신의 존재성을 무화시키는 것은 결코 헛된 일이 아니라는 뜻이 담긴 것이다. 그렇게 하는 인간 덕분에 존재성이 드러난다. 그리고 그런 인간은 이러한 드러냄^{disclosure}을 욕망한다. 여기서 우리는 존재성에 부착된 원초적 유형이 있음을 알게 된다. 그것은 '존재하고자 하는 것'에 연관된 것이 아니라 '존재성을 드러내고자 하는 것'에 연관된 것이다. 이제 여기서는 실패^{failure}[결핍]란 없고 오히려 성공이 있을 뿐이다. 인간이 존재성을 스스로 결핍시키는 존재가 됨으로써 자기에게 제시한 이러한 목표는 실은 그 스스로가 실현한 것이다. 인간은 자기를 세상에서 뿌리 뽑음으로써, 오히려 자기 자신을 세상에, 그리고 세상을 자기에게 제시하여 현존하게끔 만들었다. 나는 내가 관조하고 있는 풍경을 나로 삼고자 한다. 이 하늘과 잔잔한 바다가 마치 생생한 모습 그대로 표현해 낸 나이기라도 한 듯이 내 안에 들어와 사유되기를 바란다. 동시에 나는 그것과 멀리 떨어져 있다. 내 앞에 존재하는 하늘과 바다는 이 거리 두고 있음 덕분에 존재하게 되는 것이다. 내가 지금 하고 있는 관조는 즐거운 일이기도 하지만 바로 그 이유 때문에 오히려 고통스러운 일이기도 하다. 나는 내가 미끄러져 가고 있는 눈밭을 온전한 내 것으로 만들 수 없다. 그곳은 금지된 외지의 것으로 남아있다. 그러나 나는 불가능한 소유를 향한 이러한 노력 속에서 환희를 맛본다. 여기서 나는 패배가 아니라 승리를 경험한다. 신이 **되고자** 하는 시도가 인간의 헛된 수고임을 깨닫는 과정에서 인간은 자신을 인간**으로** 실존하게 만든다. 만일 그가 이런 실존에 만족한다면, 그는 자아와 정확히 일치하게 될 것이다. 결코 존재하지 않으려 하는 이런 식의 존재함을 추구하지 않고서는 실존이라는 것은 허락되지 않는다. 비록 이런 방식의 실존이 결핍을 포함하고 있을지라도 인간이 이러한 긴장을 바란다는 것은 가능한 일이다. 그의 존재성은 존재의 결핍과 같다. 그러나 이러한 결핍은 바로 실존으로서의 존재 방식을 지니게 되었음을 의미한다. 헤겔식 용어로 말하자면, 긍정이 재확립됨으로써 부정의 부정을 지니게 되었다고 할 수도 있겠다. 인간은 자신을 결핍시킨다. 하지만 인간은 결핍을 통해 결핍을 부정할 수 있으며 그럼으로써 긍정적 실존으로서의 자신을 확인한다. 그렇게 인간은 결핍을 당연한 사실로 상정하며 떠안는다. 나아가

[기존의 규범에 의해] 지탄의 대상이 되는 행위가 실존을 위한 노력이자 그것을 선언하는 행위인 한 그러한 행위에는 타당성이 있음을 깨닫게 된다. 하지만 이렇게 결핍을 떠맡는 것은 헤겔적 의미에서의 극복 행위라기보다는 회심conversion이라 할 수 있다. 헤겔에 있어서 극복된 조건은 추상적 계기로서만 보존된다. 하지만 우리는 실존이 자기 자신을 긍정적으로 확인하는 단계에 이르러서도 여전히 부정성을 간직하고 있다고 생각한다. 그리고 이것은 종합이라는 좀 더 진전된 단계로서 나타나지는 않는다. 결핍은 극복되어야[제거되어야] 하는 것이 아니라 오히려 당연한 사실로 상정되면서 떠안고 있는 것이다. 실존은 스스로를 절대적인 것으로 선언한다. 그것의 정당화는 자기 안에서 구해야만 하며 그 작업을 억눌러서는 안 된다. 설사 이런 정당화 작업을 유지하는 와중에 그것을 잃어버릴지라도 말이다. 자기의 진리를 획득하기 위해서라면, 인간은 자기 존재의 애매성을 떨쳐 내려고 애쓰지 말아야 한다. 오히려 그것을 구현하는 과업을 받아들여야 한다. 인간은 자기 자신으로부터 거리를 두고자[즉, 자신을 특정한 존재로 고정시키지 않으려고] 마음먹을 경우에만 자기와 재회하게 된다. 이것은 감각계와 대립하면서 내용 없는 형식적 자유를 주장하는 스토아적 회심과 뚜렷이 구별된다. 순수하게 실존한다는 것은 나의 자발적 초월운동을 부정하는 것에 있는 게 아니라 초월운동 과정 속에서 자신을 잃어버리

는 상황을 거부한다는 데에 있다. 실존주의적 회심은 오히려 후설Edmund Husserl적 환원還元에 비견되어야만 하겠다. 후설적 환원은 인간으로 하여금 자신의 의지를 "괄호 속에" 묶어두게끔 한다. 그럼으로써 인간은 저마다의 진리 조건에 대해 자각하게 될 것이라고 한다. 현상학적 환원은 외부 세계의 실재 방식에 대한 모든 확언을 유보함으로써 교조주의의 오류를 방지한다. 그렇기는 해도 현상학적 환원은 외부세계의 생생한 현존에 대해 이의를 제기하지는 않는다. 마찬가지로 실존주의자의 회심은 자기가 지닌 본능, 욕망, 계획 그리고 열정을 억눌러 감추지 않는다. 다만 그것[실존주의자의 회심]은 자기 초월 자체로만 내달아 절대화되어 버리는 목표의 설정을 거부함으로써, 나아가 목표에 대한 숙고를 그것[목표]을 향해 기투하는 자유와 연관시킴으로써 결핍의 가능성을 방지하고 있을 따름이다.

　　이러한 태도는 첫째로 진정한 인간은 어떤 외적 절대자도 승인하려 하지 않는다는 점을 함축한다. 어떤 사람이 이상적 천국, 그러니까 신이라 일컬어지는 즉자와 대자의 불가능한 종합을 향해 기투한다고 하자. 이것은 그가 자기의 실존을 존재로 변환시키기 위해 위와 같은 [불가능한 종합의] 방식으로 존재하는 거대 존재자Being에게 경외감을 품고 있기에 나타나는 현상이다. 반대로 그가 진정으로 실존하기 위해 존재하려 하지 않는다고 해보자. 그렇게 되면 그는 비인간적 객관성inhuman objectivity[즉

신적 존재가 되는 것]에 관해 꿈꾸는 것을 단념하게 된다. 그는 존재의 문제가 신의 시점 속에서가 아니라 자기의 시점 속에 있다는 점을 깨닫게 되리라. 일단 그가 자기 실존의 보증자를 자기 바깥에서 구하고자 하는 생각을 그만두게 되면, 인간의 자유에 반하는 사물 같은 것들을 만들어냄으로써 절대화시킨unconditioned 가치를 믿어 버리던 짓도 거부할 것이다. 가치란 결핍된 것이다. 그것은 [절대화된 사물 같이 확립된 것으로 마련되는 게 아니라] **자기를 결핍시키는** 자유로 이루어진다. 자유라는 것이 스스로를 결핍된 것으로 만드는 까닭에 가치가 현상하는 것이다. 욕망이란 바람직한 것을 창조해내는 것이고, 기투란 목적을 설정하는 것이다. 인간다운 실존human existence의 문제라는 것은 세상에 [새로운] 가치를 선보이는 문제다. 그런 가치는 세상일 중에서 과연 어떤 것이 관심을 갖고 참여할 만한 사업인가에 기초하여 판단할 수 있을 것이다. 이렇게 나타난 [윤리적] 가치는 [외적 보증자에 근거를 두고 나타나는 것이 아니라 자기를 결핍시키는 자유에 의해] 순전히 우연하게 불쑥 생겨났다. 그렇기 때문에 회의주의나 낙관주의가 들어설 자리란 어디에도 없다. 존재하지 말아야 할 이유나 존재해야 할 이유는 모두 중요하지 않다. 중요한 것은 실존이다. 실존으로서의 결핍에 대한 가치 평가는 가능하지 않다. 모든 가치 평가는 무언가를 단정적으로 규정하고 있기 때문이다. [이것과 견주어 볼] 비교항으로 활용해볼 만한 것은 아무것도 없기 때문에 비교란 아예 불가능하다. 이처럼 외적 정당화의 가능성이 배제된다는 사실은 우리가 출발점으로 상정했던 원초적 회의주의를 확실히 배제하게끔 해준다. 외적인 것으로는 정당화가 불가능하기 때문에 그러한 외적인 것을 근거로 무언가를 부적합하다고 판정할 수는 없는 노릇이다. 실존 밖의 다른 것이란 정말로 아무것도 없는 것이다. 인간은 실존한다. 그런 그에게 자기가 세상에 유용하게 현존하는지 아닌지, 그리고 고통에 찬 삶을 살아내는 것이 과연 값어치 있는 것인지 등은 궁금한 문제가 아니다. 그러한 물음들은 터무니없는 것이다. 그가 알고자 하는 것은 인생을 살고자 하는가, 그렇다면 과연 어떤 조건에서 인생을 살고자 하는가에 관한 것이다.

인간이 자기 눈에 타당해 보이는 삶의 조건을 스스로 규정할 자유를 지닌다고 해보자. 그렇게 자유롭더라도 인간은 자기가 좋아하는 것을 선택하거나 행위할 수 없게 되는 게 아닐까? 도스토옙스키는 "신이 없다면, 뭘 해도 된다"고 단언하였다. 오늘날의 신앙인들은 이 정식을 자기 좋을 대로 사용한다. 이들은 다음과 같이 주장한다. [신이 아니라] 인간을 자기 운명의 중심에 다시 세우는 일이란 모든 윤리학을 거부하는 것과 같다고. 그러나 이것은 신의 부재를 핑계로 모든 짓에 허가장을 남발하는 입장과 거리가 멀다. 오히려 그 반대다. 왜냐하면 인간은 지상에 내쳐진 존재이기 때문이다. 그리고 인간의 행위란 결국 완전히 서로 연루되어 참여를 요구하는 것engagements이기 때문이다. 인간은 세상에 대한 책임을 짊어진다. 세상은 미지의 권능이 만들어낸 것이 아니라 인간 자신의 작품이다. 그래서 세상에는 인간의 승리뿐만 아니라 패배도 새겨지는 것이다. 신은 죄를 사해주고, 지워주며, 과오를 보상해 줄 수 있다. 그런데 신이 존재하지 않는다고 한다면 인간의 잘못을 속죄할 길이란 없어진다. [신이 사라진 세상에서라면] 이 지상의 화형대는, 무슨 일이 일어난다 해도, 아무런 중요성을 지니지 못하게 될 것이라는 주장이 존재하게 되는 까닭은 사람들이 [실존주의자인] 우리가 처음부터 거부했던 비인간적 객관성에 호소하고 있기 때문이다. [이런 문제의식 때문에] 우리는 지상에서의 운명이 중요한 의미를 **지닌다**거나 반대로 아무런 중요성을 **지니지 않는다**고 말하면서 시작할 수는 없다. 운명은 우리가 그것에 어떤 중요성을 부여하는가에 달려있는 까닭이다. 인간이 존재한다는 점을 중요하게 만드는 것은 전적으로 자기에게 달린 일이다. [윤리적 실존의 문제에서] 성공하였는가 실패하였는가는 자기 혼자만이 느낄 수 있다. 만약 누군가가 그 어느 것도 자기 존재를 이런 방식으로 정당화하도록 강제하지 못한다고 말하였다고 해보자. 그는 자유의 개념을 빌미로 하여 거짓 놀이를 일삼고 있는 것이다. 신앙인들도 죄를 범하는 데서는 자유롭다. 하느님의 법은 이런 신앙인이 자기 영혼을 구원하기로 결심하는 순간에만 부과된다. 오늘날에는 입에 담는 일이 드물지만, 그리스도교에서는 여전히 [하느님의 법에 의해] 지옥에 떨어질 사람들도 있다고 말한다. 그러니 삶의 이유를 스스로 구하지 않는 세속적 인생이란 순전히 우연에 맡긴 채 사는 게 될 것이다. 하지만 이러한 인생도 의미와 진실을 추구한다. 그리하여 자기 마음속에 자리한 엄격한 윤리적 요구들을 맞이하게 된다.

그러나 세속 윤리학의 지지자들 사이에서조차 실존주의는 도덕적 행위에 대해 아무런 객관적 내용을 제공하지 못한다는 비난을 많이 듣는다. 실존주의 철학은 주관적이다 못해 심지어 유아론적이기까지 하다는 것이다. 주관의 벽에 단단히 둘러싸여 있는데 그 속에서 빠져나오는 게 과연 가능하기나 하겠냐는 말이 아닐까? 하지만 우리는 수많은 비책을 가지고 있기도 하다. 주관이 존재한다는 점은 보편적인 사실로 잘 알려져 있다. 그리고 주지하듯이 데카르트의 **코기토 명제***는 가장 개별적인 경험이면서 동시에 가장 객관적인 진리라는 점을 드러내고 있다. 실존주의는 모든 [윤리적] 가치의 원천이 인간의 자유 안에 거한다고 단언한다. 따라서 [이런 측면에서 볼 때] 실존주의는 칸트, 피히테, 헤겔의 전통을 전적으로 계승하는 입장이다. 칸트, 피히테, 헤겔 등은 헤겔의 말로 설명하자면 "권리 및 의무의 본질

---

*"나는 생각한다. 그러므로 존재한다.cogito ergo sum" 사유하는 자아의 보편적 실재성을 주장한 데카르트 철학의 제1명제.

과 사고 및 의지 주체의 본질은 절대적으로 동일하다는 원리를 출발점으로 삼았다." 모든 종류의 인본주의는 세상이 외부에서 인간에게 그저 주어진 것이 아니라 인간이 스스로 산출해 낼 수밖에 없었던 것이라는 발상을 공유하고 있다. 인간의 의지가 자기의 진정한 실재를 표출하는 한, 세상은 인간이 의지하는 대로 존재한다는 생각인 것이다.

[이런 주장에 대해] 누군가는 다음과 같이 응수할 것이다. "다 좋다고 하자. 그러나 칸트는 인간적 인격을 경험적으로 구현하는 것을 뛰어넘어 보편화시키는 쪽으로 [행위를] 선택할 경우 그것은 [단순한 경험적 사실이 아니라] 진정한 실재가 된다고 보았다는 점에서 유아론唯我論을 벗어난 것이다." 나아가 헤겔은 분명히 다음과 같이 주장하였다. "특수성을 지향하는 개체의 권리는 인륜적 실체 안에서 서로 공평하게 포함된 것이다. 왜냐하면 특수성이란 도덕적 실재를 지니고 있는 극단적이고도 현상적인 양상이기 때문이다(『법철학』§154)." 그러나 헤겔에게 특수성이란 자기를 능가해야만 하는 가운데 전체성의 한 국면으로서 현상하는 것일 뿐이다. 반면에 실존주의는 가치의 원천으로서의 인간을 비인격적인 보편인으로 설정하지 않는다. 실존주의는 인간을 구체적이고도 특정한 사람들이라는 다원성의 차원에서 이해한다. 그러한 특정한 사람들men은 그들의 목적들을 향해 자신을 기투한다. 이 목적들은 각자의 특수성이 [보편적] 주

체성 자체에 못지않게 환원 불가능하고 근본적인 것이라는 존재 상황에 기초하여 설정된 것이다. 원초적으로 따로따로 분리되어 있는 사람들을 어떻게 [근대철학자들처럼 보편적인] 하나로 합할 수 있단 말인가?

사실 우리는 [추상적인 가치문제가 아니라] 실제적인 문제 상황으로 나아가고 있다. 하지만 상황이 이렇다 해서 이것이 해결될 수 없는 문제임을 입증해 준다고 보기는 어렵다. 오히려 그 반대다. 우리는 여기서 다시 헤겔의 '전치' 개념을 불러내서 생각해봐야 한다. 윤리학은 해결해야 할 [가치]문제가 있는 경우에만 존재한다. 윤리학에 대한 앞선 논의 경향[즉 실존주의적 경향]과는 달리 인간이 개별적으로 분리되어 있다는 사실을 지워버림으로써 [가치문제에 대한] 해결책을 제공하는 윤리학은 타당하지 않은 것이라고 말할 수 있다. 왜냐하면 이러한 분리가 [사실로서] 엄연히 **존재하기** 때문이다. 애매성의 윤리학은 사람들이 개별적으로 분리되어 존재하기도 하지만 동시에 서로에게 묶여 있는 존재일 수 있다는 점을, 그리고 각자의 자유는 모두에게 타당한 법으로 벼려질 수 있다는 점을 **선험적으로** 부정하지 않을 것이다.

[이런] 해법의 모색에 나서기 전에, 유독 실존주의만이 [저마다 다른] 상황이 있다는 것을 이해하며, [사태가 개별적으로] 분리되어 있다는 점을 인정하는 것은 아니라는 점을 주목하는

것은 매우 흥미로운 일이다. 우리는 주체성의 신격화라고 여길 수도 있는 면모를 마르크스주의에서도 발견할 수 있다. [그런 면에서 볼 때] 모든 급진적 인본주의와 마찬가지로 마르크스주의는 비인간적 객관성 관념을 거부하면서도 칸트와 헤겔의 전통 안에 자리하고 있다. 비록 마르크스는 [이른바] 정의, 질서, 선과 같은 이상을 가지고 지상의 질서에 맞서던 구식 사회주의 이상론과 견해를 달리하기는 했지만, 특정한 인간적 [존재] 상황을 더 나은 것이라면서 추구하는 태도는 바람직하지 않다고 여겼다. 마르크스가 목적 및 목표로 규정한 것은 인민의 욕구로서의 계급 봉기였다. [그럼으로써] 새롭게 바람직한 것으로 등장한 단계는 [아이러니하게도] 부정활동rejection의 관점에서 거부되었던 상황, 즉 인간men의 의지만이 결정적이라는 상황[과 직면하는 것]이다. 그것은 역사적이고도 경제적인 세계에서 근원하는 특정한 개별 행위를 바탕으로 삼고 있다. 이것은 인간을 미래로 나아가게 한다. 그리하여 인간은 어떤 관점을 선택한다. 목적, 진보, 효력, 성공, 실패, 행위, 적대자, 도구 그리고 장애물 등과 같은 말들은 이렇게 선택된 관점에 의해 의미를 지니게 된다. 그리하여 특정 행위들이 선한 것으로 간주되고 그 밖의 것은 악으로 여겨지는 것이다.

혁명에 연관된 모든 가치가 생겨나려면 봉기와 희망의 와중에서 주체의 운동이 혁명의 가치를 창조해야만 한다. 마르크스주의자들에게 이러한 운동은 본질적인 것으로 보인다. 비록 지식인이나 부르주아가 혁명을 원한다고 주장하더라도 마르크스주의자들은 이들을 신뢰하지 않는다. 부르주아적 지식인은 자기 스스로 세우지도 않은 [혁명의] 가치들을 고수할 수 있다. 마르크스주의자들은 이들이 [주체의 내적 운동에서가 아니라] 추상적 인식이라는 외적인 것에 근거하여 혁명을 원한다고 생각한다. 이들이 어떤 실천을 하고 있는가와 상관없이, 이들이 처한 상황에서는 프롤레타리아들이 추구하는 목적을 그들의 절대적 목적으로 삼는 게 불가능하다. 부르주아적 지식인들이 삼고 있는 목적이라는 것은 이들의 삶에서 충동된 것이 아니기 때문이다.

마르크스주의에서도 인간의 의지가 행위의 목적과 의미를 규정한다고 여긴다는 게 사실이라고 해보자. 그렇지만 이러한 의지는 자유로서 현상하지는 않을 것이다. [마르크스주의에서] 인간의 의지는 계급이나 인민의 상황에 대한 고려 아래 규정되는 객관적 조건의 반영이다. 자본주의 발전 운동의 현재를 생각해 보면, 프롤레타리아는 자본주의의 철폐를 [주관적 개체의 자유로운 실존의 입장에서가 아닌] 계급으로서 주장하지 않을 수 없다. [그렇게 볼 때 마르크스주의에서] 주체성은 주어진 세상이라는 객관성 속으로 다시 흡수된다. 봉기, 욕구, 희망, 거부 그리고 욕망 등은 외재적 힘의 소산에 불과하다는 것이다. 행동심리학은 [주체성과 객관성의] 이러한 연금술을 설명하려고 한다.

실존주의적 존재론과 변증법적 유물론이 대립하는 본질적 지점은 잘 알려져 있다. [실존주의자로서의] 우리는 상황이 의미하는 바the meaning of situation가 수동적 주체로서의 의식에 직접 부과되지는 않는다고 생각한다. 상황이 의미하는 바는 자유로운 주체가 자기의 기투를 달성하면서 [주체의 자유를] 드러내는 과정에서만 비로소 주체를 엄습하게 되는 것이다. 마르크스주의자라 할지라도 마르크스주의를 고수하고, 정당에 가입하고, 무엇보다도 능동적으로 소속되기 위해서는 [주체적] 결단을 필요로 한다. 이 모든 것을 가능하게 한 원동력은 [외적인 것이 아니라] 자기 자신일 뿐이라는 점은 [실존주의자인] 우리에게는 너무도 명확한 사실이다. 그리고 이러한 자율성은 지식인이나 부르주아의 특권(혹은 결점)만은 아니다. 프롤레타리아는 전체, 즉 특정 계급으로 간주될 수도 있지만, 동시에 이 계급은 다양한 상황에 처해있음을 알 수 있다. 프롤레타리아는 이런저런 정당이 주도하는 혁명을 원할 수 있다. 즉, 독일 프롤레타리아가 그러했던 것처럼 이 계급은 쉽사리 농락당할 수도 있고, 미국 프롤레타리아가 그러하듯이 자본주의가 기꺼이 제공해주는 지루한 안락 속에 잠들 수도 있다. 이러한 경우는 [계급이 처한 상황에 대한] 배신에 불과하다고 말할 수도 있다. 그렇다면 여전히, 배신[을 결단]할 자유가 존재한다는 얘기가 아닌가. 혹은 누군가 감히 믿을 수 없거나 잘못 지도받았거나 지각없거나 미혹된 프롤레타리아와 참된 프롤레타리아를 구분하려 든다고 해보자. 이런 구분법에서 산출된 참된 프롤레타리아는 생생한 피가 흐르는 프롤레타리아가 아니다. 그것은 마르크스가 비웃었던 관념 속의 프롤레타리아, 즉 프롤레타리아에 대한 관념에 불과하다.

게다가 실제로 마르크스주의는 **언제나** [필연성만 강조하고] 자유를 부정하는 것만은 아니다. 만일 역사가 인간을 외적 힘의 수동적 수행자로만 간주하면서 기계적으로 전개되는 것이라고 한다면 바로 저 [주체적] 행위 개념은 아무런 의미를 지니지 못할 것이다. 마르크스주의자는 행위함으로써 그리고 행위에 나설 것을 촉구함으로써 자기가 혁명의 진정한 대리자임을 역설한다. 마르크스주의자는 자기가 당연히 자유롭다고 여기고 있기 때문이다. 그리하여 신기하게도 오늘날 대부분의 마르크스주의자들은 마르크스 본인과 달리 도덕을 계도하는 지루한 언설에 아무런 반감을 갖지 않게 되었다. 그들은 역사적 사실주의의 이름만 가지고서 적들의 잘못을 지적하는 게 아니다. 마르크스주의자들이 적들의 비겁함, 거짓, 이기심, 부패를 고발할 때는 역사에 대한 도덕적 우월성의 이름으로 규탄하는 것이다. 게다가 마르크스주의자들은 영원한 덕행, 용기, 극기, 투명성, 진실성 등의 미덕을 찬미하면서 서로를 칭송한다. 이와 같은 용어들이 단지 정치적 선전을 위해 이용되는 것일 뿐이라고 할 수는 있다. 방편에 불과하다는 것이다. 그러나 이 말들이 듣는 이의 마음에 어떤 울

림을 주면서 각성을 요구한다는 점은 시인해야만 할 것이다. 만일 우리가 인간의 행위를 단지 기계적 작동의 귀결에 불과한 것이라고 간주하게 된다면 경멸과 존경과 같은 것은 아무런 의미를 갖지 못하게 될 것이다. 사람들이 무언가에 분개하거나 누군가에게 존경을 표할 수 있으려면, 우선 자신의 자유와 타인의 자유를 인식할 수 있어야만 한다. 그러므로 개인을 비롯하여 집단전술에서 발생하는 모든 일은 인간이 자유롭다는 가정 아래에서 발생하는 것이다. 이와는 달리, 인간을 몰아대는 십계명에 대항할만한 정합적 인본주의가 과연 어떤 계시에 의해서 발생하기를 바랄 수 있기나 하겠는가? 그래서 마르크스주의자들은 인간이 자유롭다는 것을 신조로 가져야 한다고 종종 말하는 것이다. 비록 결정론과 타협하면서 자유를 확인하고 있기는 하지만 말이다.

　　이러한 양보는 행위의 실천을 통해 간신히 얻어낸 것이다. 그런데도 마르크스주의자들은 행위의 이름으로 자유의 철학을 규탄하고자 한다. 그들은 자유로서의 실존으로는 그 어떤 공동과업도 이루어내지 못한다고 위압적으로 단언한다. 마르크스주의자에 따르면, 개인들이 저 세상보다는 이 세상을 원하는 외재적 세계의 제약을 받지 않는다면, 개인의 변덕을 방어할 길이란 없다. 여기서 우리는 이른바 초자연적 명법을 숭배하는 신앙인이 만들어낸, 그러나 다른 언어로 된 명령과 다시금 만난다. 그리스도교 신자의 눈에서도 마찬가지지만 마르크스주의자의 눈으로 볼 때도 자유롭게 행위하는 것은 마치 자기의 행위를 정당화하는 작업을 포기해 버리는 일이나 되는 듯 보인다. 이것은 칸트의 "너는 해야 한다. 그러므로 [자유의지를 가지고] 할 수 있다"라는 명법을 기묘하게 반전시킨 것이다. 칸트는 자유[=자유의지]를 도덕[=의무, 당위]의 이름으로 요청하였다. 반대로 마르크스주의자는 "너는 해야 한다. 그러므로 [자유의지를 가지고서는] 할 수 없다"라고 선포한다. 마르크스주의자에게는 인간의 행위가 [자유의지의] 내적 운동에 의해 설정되지 않을 때에만 타당한 것으로 받아들여진다. [그들의 관점에서 볼 때 자유의지에 의한] 선택의 존재론적 가능성이 허용된다는 것은 이미 인과법칙을 어기고 있음을 의미한다. 그렇다면 [마르크스주의적] 혁명의 입장을 취하게 되면 [자유의지에 의한] 도덕적 태도를 포기하게 된다는 말일까? [주체의 자유를 포기하는] 이런 입장은 논리적일 수는 있다. 왜냐하면 헤겔 철학에서 본 바와 같이 선택이라는 것이 애초부터 [객관적] 현실에 기초한 게 아닌 한 그것은 [주체의] 도덕적 선택으로서 설정될 수 있기 때문이다. 그러나 마르크스주의자는 바로 여기서 다시금 주저한다. 그들은 현실 세계를 물어뜯지 못하는 이상주의적 윤리학을 비웃는다. 하지만 그들의 비웃음은 [인간의 자유로운] 행위와 관계없는 윤리학이란 존재할 수 없음을 보여주게 된다. [인간의] 행위는 단순한 자연적 과정으로 전락하지 않는다. 너무나 분명하게도 혁명 과업은 인간적 의미를 지니고 있다. 레닌의 다음과 같은 말은 사실상 양날의 칼이다. "나는 당에 이바지하는 모든 행위가 바로 도덕적 행위라고 주장하겠다. 그러나 당에 해가 되는 행위는 비도덕적인 행위라고 말하겠다." 한편으로 레닌은 낡은 가치를 수용하기를 거부했다. 그러나 그는 정치를 운영하면서 인간이 그저 존재하는 [사실적] 존재자이기도 하지만 존재해야만 하는 이유를 표명하는 당위적 존재자임을 깨달은 사람이기도 하다. 레닌은 윤리학을 [현실에서] 실질적 효력을 지닌 것으로 구현하고자 했기 때문에 추상적 윤리학을 거부하였다. 그렇기는 해도 [객관적이면서 추상적인] 도덕 이념은 마르크스주의자들의 말과 저작과 행위에 현존하고 있다. [자유의지에 따른 행위] 선택의 순간은 정신이 자연의 일부가 되는 순간, 즉 인간과 도덕성이 구체적 차원에서 완성되는 순간이다. 그러니 선택의 순간을 두려워하며 거부하는 것은 모순이다.

어떤 경우든 우리는 자유를 믿는다. 이러한 믿음이 우리를 좌절로 이끌 것인가? 이 경우 다음과 같은 기묘한 역설을 받아들여야만 할까? 인간이 자기를 자유로운 존재라고 인식하는 순간 무언가를 [자유롭게] 소망하기란 글러 먹게 된다는 역설 말이다.

[그러나] 오히려, 이러한 자유를 지향함으로써 우리는 보편적 행위 원칙을 발견하게 될지도 모른다. 모든 윤리학은 인생을 게임으로 여기도록 만든다는 특징을 지니고 있다. 이길 수도 질

수도 있는 인생 게임에서 윤리학은 승리의 비책을 가르칠 수 있다는 것이다. 그런데 우리는 인간의 원초적 도식이 애매성이라는 특성을 지닌다는 점을 이미 살펴보았다. 인간은 존재하고 싶어 한다. 하지만 이러한 소망을 실현시키고자 하는 한 어느새 실패하고 만다. 존재하고자 하는 이러한 의지를 실현시키려는 모든 계획은 실제에 부합하지 않는 것으로 판정된다. 게다가 이러한 여러 계획을 가지고 규정한 목적들은 신기루가 되고 만다. 인간적 초월human transcendence은 헛되게도 이와 같이 오도된 시도로 온통 둘러싸여 있다. 그러나 [다른 한편] 인간은 자기의 존재성을 드러내는 것을 의지하기도 한다. 그리고 이러한 소망이 이루어지면, 그가 세계 속에 현존함으로써 세계가 있게 된다는 사실로 인해, 그는 [자기의 인생에서] 승리하게 된다. 하지만 이런 식의 [실존의] 드러냄은 세계와 자신 사이에 일정한 거리를 유지할 수 있도록, 세계와 자기를 떼어놓을 수 있도록, 그리하여 자신이 자유로운 존재임을 선언할 수 있도록 영원히 긴장을 늦추지 말아야 함을 함의한다. 세계의 [존재를] 드러냄을 소망하는 것과 자기가 자유로운 존재임을 선언하는 것은 동일한 운동이다. 자유는 모든 의미와 가치를 발산시키는 원천이다. 자유는 실존의 모든 정당화에 관련된 원초적 조건이다. 자기 삶을 정당화하고자 하는 사람은 무엇보다도 자유 자체를 절대적으로 소망해야 한다. 동시에 자유는 구체적 목적과 특정한 계획을 현실화할 것을 요구한다. 그것도 보편적으로 요구한다. 자유란 기존에 이미 만들어진 가치가 아니다. 그것은 외부로부터 제공된 추상적 신조가 아니다. 오히려 자유는 (편의의 차원에 있는 게 아니라 도덕적 차원에 있는 것이기 때문에) 그 자체가 원인인 것으로 보인다. 자유는 [도덕적] 가치를 스스로 세우는 과정을 통해 필연적으로 생겨난다. 자유는 자기 부정조차 자기의 확고한 토대로 삼을 수 없다. 자유는 언제나 자기 자신을 부정하고 있기 때문에 정초의 가능성을 거부한다. 도덕적인 자신을 의지하는 것wiil과 자유로운 자신을 의지하는 것은 동일한 결단이다.

조금 전까지만 해도 우리가 기대고 있었던 헤겔의 '전치' 개념은 이제 우리와 대립하는 듯 보인다. [여기서] 윤리학은 [앞서와 달리] 윤리적 행위가 현존하지 않을 경우에 존재하게 되는 것이다. 자, 사르트르는 모든 사람이 자유롭다고, 인간이 자유롭지 않을 도리란 없다고 선언하였다. 인간이 [자유롭도록 선고된] 자기 운명에서 벗어나고자 할지라도, 인간은 여전히 자유롭게 자유에게서 달음질친다. 이렇게 이른바 자연[본성]적 자유natural freedom라는 게 현존한다는 사실은 윤리적 자유ethical freedom 개념과 모순되는 게 아닐까? 인간은 원래 자유롭게 **존재하기 때문에 자유로운 자신을 의지한다**는 이 말은 도대체 무슨 뜻이란 말인가? 자유가 처음부터 주어진 어떤 것이라고 한다면, 이것은 자유를 정복해서 얻어내야 할 무엇이라고 여기는 생각과 모순된다.

[자연적 자유라는] 이러한 반박은 자유가 어떤 사물이거나 그것에 자연적으로 부속된 어떤 성질이라고만 여기게 만든다. 그런데 사람들은 실제로는 자유를 갖고 있는 것도 아니고 갖지 못한 것도 아니다. 사실 자유는 실존이라고 하는 것, 그러니까 스스로를 존재하게 만듦으로써만 존재하게 되는 것이라고 일컫는 이런 애매한 현실과 뒤섞여있다. 스스로를 존재하게끔 만듦으로써만 존재하게 된다는 것의 의미는 정확히 말하자면 자기를 스스로 제공함으로써 [실존을] 정복할 수 있다는 뜻이다. 자유로운 자신을 의지한다는 것은 자연에서 도덕성으로 이행하도록 영향력을 행사한다는 것이다. 이 도덕성은 인간 실존의 원초적 엄습에 근거한 순수한 자유를 확립함으로써만 이룩된다.

모든 사람은 원초적으로 자유롭다. 하지만 이것은 자신을 세계에 자발적으로 내던진다는 의미에서만 그러하다. 그러나 이러한 자발성을 사실성[의 차원]에서 볼 경우, 그것은 순전히 우연적인, 언제 어느 방향에서든 발생하는 에피쿠로스적 원자들의 클리나멘clinamen*[운동 개념]만큼이나 생각 없는 돌발적인 것으로 여겨진다. 이것은 에피쿠로스적 원자들이 어딘가에 도달

*수직 낙하 운동을 하는 원자들이 우연적 계기에 의해서 갑자기 수직적 운동에서 벗어난 편위 운동을 하는 것을 일컫는 개념. 에피쿠로스가 세계의 탄생에 대해 논할 때 제안한 개념이다. 루크레티우스는 『사물의 본성에 관하여』에서 에피쿠로스의 이 개념을 자세히 소개하였고, 마르크스는 「데모크리토스와 에피쿠로스 자연철학의 차이」(1842)에서 이 개념을 자유와 결정론의 문제를 논할 때 활용하였다.

하기 위해서 반드시 필요한 개념이었다. 그러나 이 운동은 [자유의지적] 선택의 결과가 아니었다. 그리고 그렇게 정당화되지도 않았다. 이것은 부조리한 선택으로 남아있[을 뿐이]다. 그러므로 인간의 자발성은 [우연적인 운동이 아니라] 항상 무언가를 향해 [자유의지적으로] 자신을 기투한다. 정신분석학자들은 실수나 히스테리성 발작에도 어떤 의미가 담겨있다는 사실을 발견하였다. 의미를 드러내는 초월을 정당화하기 위해서라면, 그것은 자기 정초적이어야만 한다. 만일 내가 그것을 스스로 정초하지 않기로 선택했다고 해보자. [하지만] 그런 일은 결코 있을 수 있는 게 아닐 것이다. 나는 지금 이런 식의 [자유의지적] 선택을 회피할 수 있다. [그런데] 앞에서 우리는 고의적으로 자유롭지 않은 존재가 되려고 의지하는 것이 모순적이라고 말했다. 그러나 사람들은 자유롭지 않은 존재가 되려는 선택을 할 수 있다. 게으름, 부주의, 변덕, 비겁함, 조바심에 빠지면서 사람들은 자기 [스스로] 규정한 기투의 의미에 대해 이의를 제기한다. 그리하여 주체의 자발성이 담지한 생명의 박동은 헛된 것이 되고 만다. 객체를 향한 주체의 운동은 단순한 도피이자 부재에 불과해진다. 부재하는 것을 현존하는 것으로, 도피를 의지로 전환시키려면 자기가 기투한 것을 적극적으로 떠맡아야만 한다. 그것은 주어진 자발성이 하는, 전적으로 내적이고도 추상적인 운동으로 물러나 버리는 문제가 아니라 목표를 추진하는 과정에서 자발성의 의미를 규정하는, 구체적이고도 특정한 운동을 충실히 수행하는 문제에 관한 것이다. 나의 자발성이 확실한 것인지 확인하는 것은 자기가 설정한 목표가 성취되었는지 스스로 성찰하면서 이루어진다. 그리하여 이러한 개별 운동을 통해 행위의 내용을 확립하는 나의 의지는 합법적인 것이 된다. 그런 나는 [나 아닌] 다른 것을 지향하는 벗어남의 운동이 곧 자유로움이라는 것을 깨닫는다. 동시에 나는 객체가 [내 앞에] 현존하고 있음을 당연한 사실로 상정한다. 바로 그 이유로 나 자신도 객체 앞에 현존한다는 점을 당연한 사실로 상정하는 것이다. 그러나 이런 방식의 정당화는 끊임없는 긴장을 필요로 한다. 나의 기투는 [무언가에 의해] 세워지는 게 결코 아니다. 그것은 자기 정초적인 것이다. 영구적으로 지속되는 선택의 번민을 회피하기 위해서는 객체 자체로 도피하여 자기만의 현존성을 객체가 집어삼키도록 하는 게 방법일 수도 있다. 진지함[=엄숙함]the serious*의 노예가 된 상태에서는 원초적 자발성도 스스로를 부정하려고 온갖 힘을 기울인다. 헛된 노력이 계속되는 가운데 원초적 자발성은 도덕적 자유를 달성하는 일에 실패하고 만다.

*사르트르와 보부아르에게 '진지함(=엄숙함)'은 부정적 개념이다. 이 용어는 형식적 규범에 맹목적으로 복종하는 정신적 태도를 의미하기 때문이다. 『존재와 무』에서 사르트르는 "진지한 정신l'esprit de sérieux이 윤리적 가치를 인간의 주관성으로부터 독립되어 이미 주어진 것으로 간주하도록 만든다"면서 "진지한 정신"의 폐해를 지적하였다. 이런 입장은 보부아르도 공유하는 것이다.

　　지금까지 우리는 자유가 지닌 모습 중 주관적이고 형식적인 측면만을 설명했다. 그러나 우리는 인간이 어떤 경우에 처해서든, 무슨 일이 있든 간에 자유로운 존재가 되기를 스스로 의지할 수 있을지에 대해서도 자문해 봐야만 한다. 이러한 의지는 애초부터 시간이 경과하는 가운데 발전되는 것으로 보일 수밖에 없다. 그사이에 목표는 추구되고 자유가 확인된다. 그리고 시간이 전개됨에 따라 [목표와 자유 간의] 어떤 통합이 이루어지는 듯하다. 인간은 순수 순간의 부조리함에서 벗어남으로써만 클리나멘의 부조리에서 헤어나오게 된다. 시간이 흘러감에 따라 실존이 산산이 부서져 무가 되어 버린다면 그것은 더 이상 스스로를 정초할 수 없게 될 것이다. 그 까닭은 과거나 미래에 비추어 제 자신을 의식하지 못하는 어린아이에게는 아무런 도덕적 문제도 제기되지 않는[다는 사실에서 알게 되는] 이유와 같다. 실존은 인간이 무언가를 결단하고 선택할 수 있게끔 행동을 조직하는 자기 삶의 순간을 시작할 때 [비로소] 존재하게 된다. [그리하여] 선택된 목적의 가치가 상호적으로 한정되고, 인내, 용기 그리고 충실성을 통해서 선택의 진실성이 구체적으로 증명된다. 만일 내가 이미 [과거에] 완수한 행위에 머물러 있기만 하다면 행위는 과거에 매몰된 사물에 불과한 게 될 것이다. 행위는 어리석고 우둔한 사실에 지나지 않는 것으로 변해 버린다. 이렇게 변해 버리는 것을 방지하려면 나 자신은 [오늘 여기서] 끊임없이 행위를 시도하고, 그 행위를 자신이 [현재] 몰두하고 있는 기투의 통합 과정 속에서 정당한 것으로 입증해야만 한다. 내가 초월의 운동을 착수하게 되면 이미 완수한 [과거] 행위에 쓸데 없이 의존하도록, 그러한 행위를 [미래에] 무한히 연장하도록 내 버려 두지 말아야 한다. 그러므로 내 모든 실존이 지금 이 순간으로서의 미래이고 또한 이미 극복해 버린 과거라고 한다면, 나는 이런 실존을 가지고 행위를 욕망하지 않고서는 오늘의 목적을 진실하게 욕망할 수 없다. 의지한다는 것to will은 자기 의지를 관철시키기 위해 자신에게 몰두하는 것이다. 이는 유한한 목적을 겨냥해서는 안 된다는 것을 뜻하는 게 아니다. 나는 순간의 계시를 절대적으로 그리고 영원히 욕망할 수 있다. 잠정적 목적의 가치는 무한 속에서 확인될 것이라는 뜻이다. 그러나 이 살아있는 확인은 단지 관조적이거나 말뿐인 것일 수만은 없다. 그것은 행위 안에서 수행된다. 자기 자신을 넘어서고자 하는 목표는 새로운 극기 행위를 향한 출발점으로서 자기에게 나타나야만 한다. 그리하여 창조적 자유는 정당화가 필요 없는 사실성으로 굳어지는 바 없이 잘 전개된다. 이러한 창조자는 새로운 창조 활동의 가능성을 창조하기 위해 이전의 창조 활동에 의존한다. 그의 현재적 기투는 과거를 수용한다. 나아가 다가올 자유를 확신한다. 그리고 그런 확신은 결코 기대를 저버리지 않는다. 기투는 드러냄의 극한까지 간다. 그때마다 자유는 창조 활동을 통해 확인된다.

하지만 인간은 세계를 창조하지 않는다. 인간은 자기에게 맞서는 세계에 저항함으로써 세계를 드러내는 데에 성공할 뿐이다. 의지는 장애물이 세워짐으로써만, 그리고 사실성이 지닌 우연성, 즉 어떤 장애물은 정복되도록 놔두지만 다른 것은 정복되도록 놔두지 않는다는 의미에서의 사실성의 우연성에 의해서만 분명히 나타난다. 이것이 데카르트가 인간의 자유는 무한하나 그 힘은 유한하다고 한 말이 의미하는 바다. [그렇다면] 이러한 한계의 현존이 어떻게 통합과 무한한 운동으로 파악되는 자유 개념과 조화될 수 있단 말인가?

극복할 수 없는 장애물에 직면할 경우, 옹고집을 부리는 것은 어리석은 짓이다. 돌담에 대고 고집스레 자기 주먹을 내지른다 해보자. 나의 자유는 이 쓸모없는 짓거리를 하면서 아무런 성과도 없이 소진된다. 이는 스스로를 헛된 우연 속으로 전락시키는 짓이다. 그러나 체념하는 것만큼이나 애통한 일은 없다. 체념은 의지와 자유를 가지고 감행했던 기투를 환상과 일시적인 몽상으로 변질시킨다. 젊은이들은 복되고 유용하며 영광스러운 삶을 희망한다. 사람들이 청소년기의 무산된 시도들을 환멸에 찬 무심함으로 바라보고 있다고 해보자. 그렇다면 그들은 죽어 버린 과거 속에 영원히 동면하고 있는 셈이다. 누군가의 노력이 실패했을 때 사람들은 그가 시간과 힘을 낭비했다고 쓸쓸히 선언한다. 실패는 우리가 몰두했던 모든 노력을 나무란다. 스토아주의자들이 무심함을 설파한 까닭은 바로 이러한 딜레마에서 벗어나기 위함이었다. 만일 우리의 기투가 특정한 것particularity임을 부인한다면, 우리는 정말로 모든 장애에 맞서 우리의 자유를 선언할 수 있게 될지도 모른다. 만일 문이란 열리기 마련이라는 점을 부인한다면, 우리는 문이 닫힌 채로 내버려 둔 상태의 알량한 자유나 누리며 존재할 수도 있을 것이다. 그러나 그렇게 함으로써 우리는 자유에 대한 추상적 관념만을 건져내게 될 것이다. 그것은 모든 내용과 진리가 비어 버린 자유다. 인간의 힘은 무화되는 것이기에 그것은 유한하다. 인간의 힘이 유한하도록 만드는 것은 기투의 특정함particularity이다. 그러나 바로 이점이 기투의 내용을 제공하는 동시에 기투를 확립하도록 만드는 것이기도 하다. 세상에는 패배에 대한 두려움에 사로잡혀 아무것도 하지 않으려는 사람들이 존재한다. 그러나 어느 누구도 이러한 비관적인 수동성을 자유의 승리라고 여기는 몽상을 하지는 않는다.

진실은 이러하다. 나의 자유에 몰두함으로써 맞이하게 되는 장애물에 좌절하지 않기 위해서라면, 그리고 실패에 직면함에도 불구하고 그러한 자유의 운동을 계속하기 위해서라면 나의 자유는 내 기투에 특수한 내용을 스스로 부여함으로써 이루어지는 자유로운 실존의 운동만을 목표로 삼아야 한다. 세상 사람들은 우연적 사건에 고통을 겪고 파멸해봤던 사람이 세계에 대해 우세를 점하는 방법, 즉 세계에 대한 관계를 새롭게 재개하는, 그러니까 세상일과 관계를 맺으면서도 독립적 자유를 강력하게 선언할 방법을 안다고 하는 사람을 우러러본다. 이러한 항간의 의견은 참으로 옳다. 그러므로 병든 반 고흐가 더 이상 그림을 그릴 수 없으리라는 예감을 차분하게 받아들였던 그 순간은 메마른 체념에 휩싸인 상태가 아니라고 말할 수 있다. 그에게 그림 그리기란 자기 삶을 살아가는 개인적 방식이면서 동시에 타인과 소통하는 자기만의 방법이었다. 이러한 소통 방식은 심지어 정신병원에 있을 때도 계속될 수 있었다. 과거는 이와 같은 종류의 단념 속에서 완전해질 것이며, 자유는 이 속에서 확인될 것이다. 자유는 비탄과 환희 양편에서 생생하게 존재하게 될 것이다. 비탄 속에서는, 기투는 특정함을 빼앗겨 버릴 것이기 때문에, 사람들은 그것에 배인 생생한 살과 피를 희생시킬 것이다. 그러나 환희 속에서는, 자기네가 움켜쥔 것을 놓아 버린 이후에서야 비로소 자유를 다시 발견하고서 새로운 미래를 향해 손을 뻗을 태세를 갖추게 된다. 하지만 시야에 들어온 자유의 내용이 미래를 가로막는 게 아니라 오히려 새로운 가능성들을 꾀할 수 있게끔 하는 경우에만, 이것은 초월의 행위로 파악될 수 있게 된다. 이점은 우리가 이미 지향했던 것을 다른 방식으로 지향하고 있다는 것임을 상기시킨다. 나의 자유는 존재성을 덫에 가두어 놓기보다는 오히려 그것을 드러내도록 만드는 일이어야 한다. 바로 이런 드러냄이 존재를 실존으로 이행하게 한다. 나의 자유가 겨냥하는 목표는 언제나 함량 미달의 밀도를 지닌 존재성을 가로지름으로써 실존을 정복하는 것이다.

그러나 장애와 실패에도 불구하고 한 인간이 자기 미래를 마음대로 처분할 수 있는 자유를 보존할 수 있을 때만, 그리고 그러한 상황이 더 많은 가능성을 열어 줄 경우에만 그러한 구원은 가능하다. 그의 초월이 목표를 실현하지 못할 경우 혹은 목표에 타당한 내용을 부여할 수 있는 대상물을 더 이상 붙잡고 있기 어려운 경우, 그의 자발성은 아무것도 설립하지 못한 채 낭비되고 만다. 그리하여 그는 자기의 실존을 적극적으로 정당화하지 못한 채 그것의 우연성에 대해 끔찍한 혐오감을 느끼게 될지도 모른다. 군인에게 도랑을 파게 했다가 메우도록 만들기를 무한 반복하게 만들거나, 같은 곳을 왔다 갔다 행군하도록 얼차려를 주거나, 학생에게 같은 문장을 끊임없이 반복해서 쓰게끔 하는 등의 아무 의미도 없는 일을 억지로 강요하는 것만큼이나 인간을 기분 나쁘게 만드는 처벌 방식도 없다. 1946년 9월 이탈리아에서 일어난 여러 반란은 실업자들로 하여금 아무런 목적 없이 자갈을 부수는 일에 근무하도록 강요했기 때문에 발발한 것이었다. 잘 알려져 있다시피 그것은 1848년 국립 취로작업장the national workshops, Ateliers Nationaux을 해체시킨 잘못이기도 했다. 무용한 노력을 기울이도록 만드는 이러한 속임수는 피곤한 일이기보다는 참아 줄 수가 없는 일이다. 종신형은 가장 무서운 형벌이다. 왜냐하면 그것은 자기의 실존을 순수한 사실성 속에 가둬 놓은 채 실존하는 것을 합법적으로 금지하기 때문이다. 자유의 무한한 운동을 스스로 의지하지 않고서는 자유는 스스로를 의지할 수 없다. 자유는 그것 자체로 향하는 추동력을 가로막는 제약들을 완전히 거부해야만 한다. 제약이 자연적일 때 이러한 거부는 긍정적인 모습을 띤다. 사람들은 질병을 치유함으로써 그것을 거부한다. 그러나 압제자가 인간의 자유인 경우 거부는 다시 반란이라는 부정적 모습을 띤다. 사람은 즉자en soi, the in-itself로서의 존재성을 부정할 수 없다. 그리고 이런 존재에게 부정하기negation는 아무런 위력을 발휘하지 못한다. 인간은 '무너진 집은 폐허로서 **존재한다**. 부서진 체인은 쇠 부스러기로서 **존재한다**'는 식의 [즉자적] 충만함fullness을 벗어나지 못한다. 이것[=즉자적 상태]을 거쳤어도 인간은 그저 의미화만을, 그리고 그런 의미화 작용에 기투된 대자pour soi, the for-itself만을 획득할 뿐이다. 그런데 대자는 자기 한복판에 무를 들여옴으로써 무화될 수 있다. 대자적 실존이 엄습하면서든 혹은 대자가 존재하는 세계를 통해서든 말이다. 감옥은 수감자가 탈출할 때 그 자체로서 부정된다. 그러나 반역은 순수한 부정 운동에 머물러있는 한 여전히 추상적이다. 반역이 [추상적 부정 운동에서] 긍정적인 것으로 돌변할 때에만, 즉 행위, 탈출, 정치적 투쟁, 혁명을 통해 어떤 내용을 갖출 때에만 비로소 자유가 달성된다. 그리하여 주어진 상황을 파괴하면서 전개되는 인간 초월은 승리에서 흘러나오는 완전한 미래를 발견한다. 이는 자기와의 접촉을 무한히 재개하는 것이다. [물론] 이러한 긍정적인 것으로의 회귀가 불가능한 한계적 상황이 존재한다. 그런 곳에서는 미래가 근본적으로 차단된다. 그럴 경우 반역은 강요된 상황을 최종적으로 거부함으로써만, 즉 자살을 감행하는 것을 통해서만 성취될 수 있다.

한편으로 자유는 결핍을 통해 실존을 드러냄으로써 구현되기 때문에, 나아가 아무런 강제 없이 죽음을 선택함으로써 다시 확인될 수 있기 때문에 언제나 스스로를 구제할 수 있다고 볼 수 있다. 그러나 다른 한편 자기를 향한 기투를 통해 드러나는 상황은 그에 상응하는 것[즉 자유]으로 보이지 않는다. 그것은 자기를 향한 기투를 무한한 운동으로서 구현하고자 허용된 특권적 상황으로 간주된다. 그것이 특권적인 까닭은 자기가 지닌 힘을 제한하는 모든 것을 넘어서고자 하기 때문이다. 하지만 이 힘은 언제나 유한하다. 그러므로 삶이 살고자 하는 의지와 동일한 것처럼, 자유도 언제나 해방의 운동으로서 나타난다. 자유가 죽음을 극복하여 무한한 통합으로 자기를 실현시키는 것은 오직 타인의 자유를 통해 자기를 연장함으로써 이루어진다. 이러한 관계에서 발생하는 문제가 무엇일지는 나중에 살펴보기로 하자. 일단 지금은 "자기 스스로 자유롭고자 의지하는 것"이라는 말이 [부정으로만 귀결되는 것이 아니라] 긍정적이고 구체적인 의미를 지니고 있다는 사실을 확고히 하는 것으로 충분하다. 만일 인간이 자기 실존을 구하기를 희망한다면 오직 그 자신만이 그렇게 할 수 있기 때문에 그의 원래적 자발성은 도덕적 자유의 정점에 이르도록 그 수준을 올려야만 한다. 이것은 특정한 내용을 드러내면서 자기의 목적을 채택하는 과정을 통해 이루어진다.

　　그러나 새로운 의문이 즉각 제기된다. 만일 인간이 자기의 실존을 구할 수 있는 한 가지, 단지 한 가지 방법만을 가지고 있다면 어떻게 이 방법을 아예 선택하지 않기로 작심할 수 있단 말인가? 의지willing가 나쁜 쪽으로 작용하는 것이 어떻게 가능하단 말인가? 우리는 모든 윤리학에서 이러한 문제와 만나고 있다. 왜냐하면 전도된 자발성이 미덕 관념에 어떤 의미를 제공할 가능성이 존재하기 때문이다. 우리는 "누구도 고의로 나쁘게 되고자 하지 않는다"는 소크라테스와 플라톤과 스피노자의 답변을 알고 있다. 더불어 신이 인간과 다소 다른 초월적 존재라고 한다면, 우리는 [전도된 자발성과 같은] 착오가 오류에 의한 것으로 해명될 수 있다고 생각하게 될 것이다. 그러나 만일 우리가 도덕적 세계라는 것이 순전히 인간이 의지한 세계임을 시인한다면, 오류의 모든 가능성은 없어지게 된다. 게다가 모든 자율성 윤리학의 기원인 칸트 윤리학의 경우, 악한 의지를 염두에 두기란 몹시 어려운 일이 되고 만다. [칸트 윤리학에서는] 주체가 만들어 낸 성격의 선택은 순수 이성적 의지에 의해서 예지계에서 획득된 것이기 때문에 순수 이성적 의지가 어떻게 스스로 부여한 법을 노골적으로 거부하는 일이 벌어질 수 있는지는 [이 윤리학적 관점에서는] 알 수가 없다. 이는 칸트주의가 인간을 순수한 긍정성positivity으로 규정하기 때문에, 나아가 자기와의 일치 이외의 다른 가능성은 고려하지 않기 때문에 벌어진 일이다. 우리 역시 [칸트주의와 마찬가지로] 도덕성이란 자아에 밀착해 있는 것이라고 규정한다. 그런데 우리는 인간이란 자기의 자유를 부정하는 것과 자기의 자유를 떠맡는 것에 대해 긍정적 방식으로positively 결정을 내리지 못하는 존재라고 여긴다. 왜냐하면 인간은 결단을 내린 뒤에야 자기의 자유를 [기꺼이] 떠맡는 존재이기 때문이다. 인간이란 그러한 의지가 자기 파괴적이게 될 것이기 때문에 자유롭지 않고자 긍정적 방식으로 의지할 수는 없는 존재다. 칸트와 달리, 우리는 인간을 본질적으로 긍정적 의지를 지닌 존재자로 보지는 않는다. 반대로 인간은 먼저 부정성으로서 규정된다. 우선 인간은 자기로부터 거리를 두고 있는 존재다. 인간은 자신과 재결합하는 것에 결코 동의하지 않을 경우에만 자신과 일치할 수 있다. 인간 내부에는 부정성 놀이가 영원히 계속된다. 그리하여 인간은 자신을, 그리고 자기의 자유에서 달아나게 되는 것이다. "자기 스스로 자유롭고자 의지하는 것"이 이런 뜻을 갖게 되기 때문에 [기존 윤리학에서 간과했던] 악한 의지는 존재할 수 있게 된다. 그러므로 우리는 실존주의자의 교설이 윤리학을 [더욱] 정교하게 만들 뿐만 아니라 제대로 된 자리에 윤리학을 갖다놓는 유일한 철학인 듯하다고까지 단언한다. 왜냐하면 악이라는 용어에 대해 초월 형이상학이 유지하고 있는 고전적 의미의 견지에서 보자면, 악은 오류로 환원된다. 그래서 여러 인본주의 철학의 관점에서는 악을 염두에 두기란 불가능하다는 것이다. [이 관점에서] 인간은 완전한 세계 안에 거하는 완전한 존재로 규정되기 때문이다. [철학에서는] 오직 실존주의만이 악에게 실제적 역할을 부여한다. 이 점에서는 종교와 같은 입장인데 바로 이 점이 실존주의를 음울하게 평가하도록 만드는 듯하다. 사람들은 자기를 위험에 빠진 존재로 느끼길 원치 않는다. 하지만 진짜 위험, 진짜 실패, 지상의 진정한 지옥이 세상에 존재하기 때문에 승리, 지혜, 환희와 같은 말들이 비로소 의미를 갖게 되는 것이다. 미리 결정된 것은 아무것도 없다. 인간은 패배하게 만드는 무언가가 있어서 질 수 있지만 바로 그러한 이유 때문에 이길 수도 있다.

　　그러므로 인간이 처한 바로 이런 조건 속으로, 이 조건이 완벽하게 이행되지 못할 가능성이 등장하게 된다. 이 조건을 완전히 이행하기 위해서 인간은 "존재할 수 있기 위해서 존재성을 스스로 결핍시키는" 존재자로서의 자기를 떠맡아야만 한다. 그러나 속임수는 어떤 경우에서든 중단될 수 있어야 한다. 인간은 자신의 존재성을 스스로 결핍시키는 작업을 망설일 수도 있을 것이다. 인간은 실존하기 직전에 뒤로 물러설 수도 있으며, 자신의 존재성을 그릇되게 단언하거나 무로 단정할 수도 있다. 인간은 자기의 자유를 추상적 자립으로만 여기거나 그와 정반 대로 절망에 휩싸여 존재성에 대해 일정한 거리를 취하는 태도 를 거부할 수도 있다. 인간은 부정성인 까닭에 모든 오류가 가능 하다. 그래서 자기만의 자유와 대면한 인간은 고뇌하면서 잘못 을 고치려는 마음을 먹는 것이다. 구체적으로 말하자면, 사람들 은 비정합적으로 어떤 태도에서 다른 태도로 미끄러져 들어간 다. [그렇지만] 우리는 방금 보여주었던 추상적 형태로 묘사하 는 데 그치고자 한다.

Ⅱ

개인의 자유와 타인들

데카르트는 인간의 불행이 어린 시절을 거쳤다는 데에서 기인한다고 말했다. 사실 많은 사람들이 좋지 않은 선택을 하는 까닭은 어릴 적에 일어났던 사실을 기초로 해서만 해명될 수 있다. 아이가 처한 상황은 다음과 같이 묘사된다. 아이는 자기가 우주에 내던져져 있음을 발견한다. 아이는 자기가 던져진 우주를 건립하는 데에 아무런 기여도 하지 않았다. 세상은 자기 없이 조성된 것이다. 그에게 세상은 복종해야만 하는 절대적인 것으로 현상한다. 아이의 눈으로 볼 때 인간의 고안물, 말, 관습 그리고 가치는 하늘과 나무같이 불가피하게 주어진 사실이다. 진지함[=엄숙함]의 정신the spirit of seriousness은 가치가 미리 만들어진 것으로 간주해 버리는 것을 특징으로 삼는다. 그렇기 때문에 그가 살고 있는 세상은 진지한[=엄숙한]serious 곳임을 의미하게 된다. 사정이 그러하다 해서 아이 자체가 진지한[=엄숙한] 존재라는 뜻은 아니다. 오히려 아이는 놀이를 하면서 자기 실존을 자유롭게 쏟아내도 좋은 존재인 것이다. 아이들끼리 속에서는, 아이는 자기를 위해 세운 목적을 열정적으로 추구하고 즐겁게 성취할 수 있음을 실감할 수 있다. 그러나 만일 그가 마음의 평정 속에서 위와 같은 일을 한다면, 그의 주체성이 개시됨으로 인해 [아이들끼리의] 저 영역은 하찮고도 유치하게 보일 것이다. 아이는 자기가 아무런 책임을 지지 않아도 된다는 점을 행복해한다. [그렇지만 아이에게] 현실 세계는 경외하고 복종하기만 해야 하는 어른들의 세상이다. 아이는 자기 부모와 선생이라는 **존재**를 믿는다. 그는 대타존재pour autrui, the for-others라는 신기루의 천진난만한 희생자다. 아이는 부모와 선생들을 신성한 존재로 여긴다. 그들은 순진한 아이의 순진한 눈으로 볼 때 신성함 직한 모습으로 존재하고자 헛되이 노력한다. 그러는 가운데 [아이의 저] 믿음을 획득했다. 보상, 처벌, 포상, 칭찬 혹은 책망의 말이 아이의 마음속에 서서히 스며들면서 아이는 어느새 선함과 악함이라는 것도 해와 달이 [객관적으로] 존재하듯이, 그리고 궁극적 목적으로서 존재한다고 확신하게 된다. 확고하고도 실체적인substantial 것들의 우주에서, 그리고 어른들이라는 군주의 시각 하에서 아이는 자기 역시 확고하고도 실체적인 **존재성**을 지니고 있다고 여긴다. 그는 착하고 귀여운 소년이거나 그렇지 않으면 말썽쟁이로 존재한다. 그는 이런 식으로 자신의 존재성을 누리는 것이다. 만약 내면 깊은 곳에 있는 무언가가 그의 확신이 그릇된 것임을 보여준다면 아이는 이러한 불완전성을 은폐할 것이다. 그는 더 나아질 것이라는 희망을 미래에 걸면서 이러한 비일관성이 어린 나이 탓이라고 스스로 위문한다. 먼 훗날에는 그 역시 어엿한 조각상이 될 것이다. 이때를 기다리면서, 아이는 성인 되기, 영웅 되기, 부랑아 되기와 같은 존재 되기 놀이를 하고 지낸다. 그러면서 그는 마음속에 개괄적이면서도 명쾌한 필치로 그린, 예를 들어 탐험가, 도적, 자애로운 수녀와 같은 이미지대로 자기 모습이 이루어지고 있다고 느끼게 된다. 이러한 진지한[=엄숙한] 존재 되기 놀이는 아이를 실제로 진지한[=엄숙한] 존재가 되도록 만든다는 점에서 아이의 인생에서 중요한 것이라고 할 수 있다. 우리는 어른들의 캐리커처가 되어 버린 아이들이 있음을 알고 있다. 실존하는 것의 즐거움이 아무리 강하게 충동해도 아이가 자신을 사물적인 존재가 되도록 스스로 포기하게 되면, 그는 인류가 세대를 거듭해 아이 머리 위에 지어놓은 천장을 구속이라 여기지 않고 오히려 실존의 위험으로부터 자신을 보호해주는 것으로 여기게 된다. 덕분에 그 아이의 조건은 (다른 관점에서 보자면 불행할 수는 있겠으나) 형이상학적으로는 특권을 갖는 지위가 된다. 보통의 경우 이 아이는 자유의 고뇌를 면제받는다. 원한다면 그는 반항할 수도 있고 게으름을 피울 수도 있다. 하지만 그의 변덕과 비행은 오직 자기에게만 해당되는 문제일 뿐이다. 그것들은 세계에 아무런 비중을 차지하고 있지 않다. 그의 변덕과 비행은 자기 앞에, 자기 밖에 존재하는 세계의 고요한 질서에 흠집 하나 내지 못한다. 그는 자기가 세상에 아무런 의미를 더하지 못한다는 사실 덕분에 안정적인 상태에 있게 된다. 그는 자기가 좋아하는 것이라면 무엇이건 벌 받지 않고 할 수 있다. 그는 자기를 통해서는 아무것도 생겨날 수 없음을 안다. 모든 것은 이미 주어진 것이다. 그의 행위는 아무런 관계성을 맺지 못한다. 심지어 자기에게도 그러하다.

　세상에는 유아적 세계에 파묻혀 자기 인생을 놓쳐 버리는 존재들이 있다. 그들은 노예 상태와 순진무구한 상황 속에 있다 보니 그렇게 되었다. 이들에게는 자기들 머리 위로 뻗어 있는 천장을 부수고 나갈 수단이 없다. 그들은 아이와 같이 그네들의 자유를 행사할 수 있지만 그것은 오직 그네들이 있기도 전에 이미 설정되었던 이 우주의 한계 내에서만 행사될 수 있는 자유일 뿐이다. 예를 들어 노예 상태에 있음을 자각하지 못하는 노예가 바로 이 경우에 해당된다. 미국 남부 지역의 농장주들은 [그들의] 가부장주의에 양순하게 복종하는 검둥이들을 '다 자란 아이들'로 간주하는 일을 그릇된 것이라고 여기지 않는다. 흑인들이 백인의 세상을 존중하는 한 흑인 노예들은 유아적인 상황에 처한다. 수많은 문명세계의 여성이 처한 상황도 이러하다. 여성은 남성이 만들어낸 법, 신, 관습 그리고 진리에 순종할 수만 있다. 오늘날의 서구 국가들에서조차 여성은 도제살이의 자유마저도 누리지 못한다. 그런 상태에서 많은 서구 여성은 남성의 그늘 속에서 보호받고 있다. 그들은 자기 남편이나 애인이 인정하는 의견 및 가치를 아무런 검토 없이 받아들인다. 이는 여성으로 하여금 성인에게는 용납되지 않는 무책임성이라는 어린애 같은 특성을 키우도록 만든다. 이른바 지각없음이 여성의 매력과 애교를 보여주는 것이고, 때때로 그것이 마음을 두근거리게 한다면, 그 까닭은 이러한 특성이 실존[의 문제]에 대해서는, 어린애들이 하는 놀이가 그러하듯이, 천진하고도 맹목적인 취향을 드러내 보이기 때문이다. 여기에는 진지함[=엄숙함]이라는 것이 부재한다. 많은 경우에서 이러한 생각 없음, 명랑함, 위에서 말한 매력적으로 보이게끔 고안된 것들은 남성 세계와 깊은 공모관계에 있으면서 무척이나 우아하게 경쟁하고 있는 듯 보인다. 그런데 [생각 없음 등의] 위와 같은 것들을 원호해주던 [남성 세계의] 구조가 위험에 빠지는 경우에는 [이전처럼] 소스라치듯이 놀래거나 감성적이면서 순진무구하게 보이는 행동을 하는데 이것은 잘못된 행동이다. 나아가 경솔한 여자들은 자기들의 주인보다 더 매몰차고 혹독하고 사나우며 잔인하기까지 한 모습을 보여준다. 참 유감스러운 일이다. 하지만 우리는 여성과 아이 사이에는 다른 점이 있다는 사실을 발견하게 된다. 아이의 상황은 그에게 강제로 부과된 것이지만 여성(오늘날의 서구 여성을 이른다)은 자신의 존재 상황을 선택했거나 적어도 동의한 것이다. [그러나 그들의] 무지와 오류는 교도소 담장과도 같은 불가피한 사실로 존재한다. 18세기 검둥이 노예들, 하렘에 갇혀 지내던 무슬림 여인들은 그네들을 억압하는 문명에 덤빌 수 있도록 하는 사유, 경악하거나 분노하는 등의 수단을 갖지 못했다. 그들의 행동은 오직 주어진 상황에 의해서 규제되었고 판정될 수 있었을 뿐이었다. 모든 인간적인 상황 같은 것이 제한되어있는 상태에 처해 있다 하더라도, 그들이 자유의 완전한 언명을 실현하는 것은 가능하다. 그러나 해방의 가능성이 잠시 엿보였다 해도 그들은 그 가능성을 활용하지 않은 채 자유를 포기한다. 자유의 이러한 포기는 [자기]기만을 함축한다. 나아가 그것은 적극적 과오이다.

사실 청소년기를 넘어서까지 유아적 세계를 유지하는 것은 무척 드문 일이다. 어린 시절을 거치는 내내, 결함이 터져 나오기 시작한다. 아이는 소스라치게 놀라서 무례하고도 반항적인 태도를 취하면서 '무슨 이유로 내가 이렇게 행위해야만 하지? 선이란 무엇이지? 다르게 행위한다면 무슨 일이 벌어질까?' 등의 물음을 점차 자기에게 묻는다. 아이는 주체성을 발견하게 된다. 타자로서의 주체성을 발견하게 되는 것이다. 아이가 청소년기에 이르게 되면 그는 마음의 갈피를 못 잡고 동요하기 시작한다. 아이는 어른들이 자기네만큼이나 머뭇거리고 연약하다는 모순을 알아 버렸기 때문이다. [그리하여] 어른들은 더 이상 신의 모습으로 현상하지 않게 된다. 청소년들은 주변에서 벌어지는 현실의 인간적 특성을 발견하게 된다. 언어, 관습, 윤리 그리고 가치는 [신이 창조한 완전한 것들이 아니라] 불안정한 피조물들이 만들어 낸 것임을 알게 된다. 그에게도 언젠가는 저 불안정한 피조물들이 수행하는 조정 작업에 참여하라고 요청받을 때가 올 것이다. 그럴 때 그의 행위는 이 지상에서 다른 인간들의 행위와 동일한 비중을 차지하게 되는 것이다. 그는 선택하고 결정을 내려야 할 것이다. 그의 역사를 이루는 이러한 순간을 사는 것이 그에게는 쉽지 않은 일임은 분명하다. 그리고 이 순간이 청소년기를 위기로 만드는 가장 깊은 이유임은 틀림없다. 결국 각자는 자기의 주체성을 떠맡아야만 한다.

일견 진지한[=엄숙한] 세상의 붕괴는 해방이다. 비록 아이는 [진지함의 정신에 구애받지 않는] 무책임한 존재이기는 했지만, 그 세상사가 돌아가는 방향을 지시하던 분명하지 않은 힘 앞에 무방비 상태로 놓여 있는 신세임을 느끼기도 한다. 그러나 저 해방의 환희가 무엇이든 간에 크나큰 혼란, 청소년들이 자신을 세계에 내던지고 있음을 깨닫게 되면서 갖게 되는 혼란 없이는 청소년들에게 해방이란 존재하지 않는다. 이 속에서 세계는 이미 [완벽하게] 만들어진 상태로 존재하는 게 아니라 만들어져야만 하는 것으로 다가온다. 그는 제멋대로 인 채, 그리고 가지런해지지 않은 채로 존재한다. 또한 그 어느 것에 의해서도 구속되지 않은 자유의 먹이가 된다. 이러한 새로운 상황에 직면할 때 그는 어떻게 행위할까? 이 순간이 바로 그가 결단하는 때다. 개인의 정서적 콤플렉스 등등[이 어떻게 형성되었는가]은 무엇보다도 특히 어린 시절이 좌우하는 개인의 자연사라고나 일컬어질 만한 문제라고 한다면, [이와 대조적으로] 청소년기는 도덕적 선택의 순간으로서 현상한다. 그리하여 자유는 모습을 드러내고, 그는 자기의 태도를 자유에 직면하면서 결단해야만 한다. 확실히 이러한 결단은 언제나 재고될 수 있다. 그러나 이러한 회심이 어려운 것은 사실이다. 우리의 선택은 이미 조형된 세상에 의해 재확인되는 것에 불과한 측면이 있기 때문이다. 그러므로 집단이 견고한 모양을 갖출수록 한 개인이 집단에서 벗어나기란 점점 더 어려워진다. 불행은 자유의 긴급한 요구를 알지 못했던 어린 시절을 남은 평생 그리워한다는 사실에서 발생한다.

　이런 불행은 또 다른 측면을 지니고 있기도 하다. 도덕적 선택은 자유롭다. 그러므로 예견할 수 없다. 아이는 장래에 되고자 하는 사람을 제 안에 담고 있는 게 아니다. 하지만 아이가 되고자 원하는 사람은 그 아이가 여태껏 지내왔던 모습을 바탕으로 하여 결정되는 것이다. 아이는 도덕적 태도의 계기를 자기가 부여했던 성격 속에서, 그리고 그러한 성격과 상관관계가 있는 거대한 세상 속에서 끌어온다. 이제 아이는 이러한 성격과 거대한 세상을 조금씩 조금씩 세워나간다. 발전을 예견하는 바 없이 말이다. 아이는 자기가 무심코 행사했던 자유가 혼란을 초래하는 측면이 있다는 사실에 대해 알지 못했다. 그는 마치 내일이나 위험이란 것이 없기라도 한 양 변덕, 웃음, 눈물 그리고 노여움에 자신을 조용히 내맡겼다. 그러나 저 변덕 등의 것들은 그에게 지울 수 없는 흔적을 남겼다. 원초적 선택이라는 드라마는 평생 시시각각으로 계속된다는 것, 그것은 아무런 [외적] 근거 없이 발생한다는 것, 아니 어떤 근거에 앞서, 자유는 마치 우연의 모습으로만 현존하고 있었기라도 했다는 듯이 나타난다. 이 우연은 신이 자비로운 자의성을 베풀어주셨다는 식의 칼뱅주의 교리를 연상시킨다. 이런 우연 역시 일종의 예정설이라고 할 수도 있지만 그것은 외재하는 전제자에게서 나오는 게 아니라 주체 자체의 작용에서 나오는 것이라는 점에서 다르다. 우리는 인간이란 언제나 오직 스스로에게만 의지할 수 있다고 생각한다. 인간은 불운하다. 그래서 [신으로부터] 구원받을 수 없다. 인간에게 그것 외의 다른 선택지란 없다.

　　인간의 이런 태도는 도덕적 차원에 자리하게 되고, 바로 그것이 정당화가 이루어지는 순간이다. 이 순간은 어른의 일생 전체에 걸쳐 존재한다. [아이의] 우발적 자발성은 자유의 이름으로 판정될 수 없다. 하지만 아이는 언제나 공감 아니면 반감을 불러일으킨다. 모든 인간은 자신의 존재성을 스스로 결핍시키는 작업을 해나감으로써 자기를 세상에 내던진다. 그럼으로써 그는 인간적 의미를 새롭게 부여하는 데에 이바지하는 것이다. 그는 이것[인간적 의미]을 드러낸다. 비록 그지없이 가혹하게 버림받은 자들일지라도 이러한 운동의 와중에서는 실존함existing의 환희를 간혹 느끼게 된다. 그리하여 그들은 실존을 행복으로, 나아가 세상을 환희의 원천으로 선언한다. 그러나 다채롭고 심원하고 풍부한 존재성을 결핍시키는 작업을 하는 것은 각자에게 달려있다. 활기참, 감수성 그리고 지성이라고 일컫는 것들은 이미 기존에 만들어져 있는 특질이 아니다. 그것들은 세상에 자신을 내던짐으로써, 그리고 존재를 드러냄으로써 얻어지는 특질이다. 모든 이들이 자기네가 지닌 생리학적인 잠재력들에 근거해서 자신을 세계에 내던지고 있다는 것은 틀림없는 사실이다. 그러나 몸이라는 것은 단순한 육체적 사실만은 아니다. 몸은 우리가 세계와 관계를 맺고 있다는 사실을 드러내 준다. 그리고 바로 이 점에서 몸이 동감 혹은 혐오감의 대상이 되는 이유가 성립된다. 다른 한편, 몸은 아무런 행동을 **결단**하지 못한다. 활기참은 자유로운 관용을 통해서만 존재한다. 지성은 선의지를 전제로 한다. 그리고 인간이 자기 언어와 행동을 자기 역량에 알맞은 것으로 조정할 줄 알고, 감수성이란 다른 게 아니라 세계와 자신에 대해 세심하게 주의를 기울임으로써 현존하게 되는 것이라는 점을 안다면 인간은 결코 어리석은 존재로 남아있지 않게 된다. 이러한 자발적 특질들이 세상에 의미와 목적들을 나타내도록 만든다는 사실이 이러한 특질들이 기대할 수 있는 보상이다. 자발적 특질들은 존재함의 이유를 발견하게 만든다. 그것들은 우리 인간의 자부심과 인간으로서 우리가 지니고 있는 운명의 환희를 확증해준다. 그것들이 개인에게 존속하기만 한다면, 그것들은 자기 인생에 부여한 의미로 인해 스스로를 혐오스럽게 만들어 버린 사람에 대해서조차 공감하게끔 만든다. 나는 뉘른베르크에서 열린 괴링Goering의 재판에서 그가 재판관들에게 모종의 매혹적인 힘을 행사했다는 이야기를 들은 적이 있다. 재판관들은 괴링에게서 뿜어져 나오는 활기참 때문에 그랬다는 것이다.

만일 사람들 사이에 [인격의] 위계질서 같은 것을 세우는 게 가능하다고 한다면, 이런 살아있는 온기를 빼앗긴—복음서에서는 열의 없는 사람들로 일컫는—사람들은 저 위계의 사다리 중에서 가장 밑바닥에 자리하게 될 것이다. 실존한다는 것은 **존재성을 스스로 결핍시키는 일이다.** 그것은 자신을 세계 속으로 **내던지는** 일이다. 이러한 원초적 운동을 억누르는 일에 몰두하는 사람들은 밑바닥 인간들sous-homme, sub-men로 간주될 수 있다. 그런 이들은 눈과 귀를 갖고 있기는 하지만 어릴 적부터 지금까지 자신을 아무런 사랑도 욕구도 느끼지 못하는 장님과 귀머거리로 만들어 버린다. 이러한 무감동 상태는 실존에 대면하는 것에 뿌리 깊은 두려움을 드러낸다. 실존과 대면하는 것은 위험과 긴장에 직면하는 것을 함축하기 때문이다. 밑바닥 인간은 이런 '열정'이 자기의 인간 조건임을 부인한다. 존재의 목표를 언제나 놓쳐 버림으로써 실패와 상처를 입는, 하지만 스스로 부인해 버린 바로 그 실존이 그럼으로써 이루어지게 되는 저 인간 조건을 말이다.

[자기의 존재성을 결핍시키려는 자유가 인간의 존재 조건임을 부인하는] 그러한 선택은 자기 확인을 단 한 번의 운동으로 즉시 이루어낸다. 이는 마치 어설픈 그림을 그려놓고도 만족해하는 서툰 화가와 같다. 이 예술가는 가치와 연관된 작업에서 더 높은 수준의 요구가 있음을 즉각적으로 파악하기는 한다. 이 것[=서툰 화가의 태도]은 밑바닥 인간이 자기 기투를 원초적으로 결핍시키는 까닭에 그것을 정당화하려는 노력을 방기하는 짓과 같은 것이다. 그는 자기 주변이 의미 없고 지루한 세상일 뿐이라는 것을 깨닫는다. 이런 헐벗은 세상이 도대체 어떻게 이 사람 내부에서 느끼고 이해하고 살아가려는 욕망을 불러일으킬 수 있단 말인가? 그가 존재하지 못하게 될수록 그가 존재해야만 하는 이유는 적어진다. 이러한 이유들은 오직 실존함existing을 통해서만 창조되기 때문이다.

하지만 그는 실존한다. 그는 자아의 초월이라는 사실로 인해 특정한 목표를 가리키면서 특정 가치들의 틀을 정한다. 그러나 그는 다음과 같은 모호한 흔적들을 지체 없이 지워 버린다. 그의 모든 행동은 목적을 제거하려는 쪽을 지향한다. 그는 비정합적인 자기 계획, 뜻하지 않은 변덕 혹은 무관심으로 인해 자기극복의 의미를 아무것도 아닌 것으로 환원시켜 버린다. 그의 [이런]

행위들은 결코 긍정적 선택이 아니라 다만 [나 몰라라] 내빼 버리는 짓일 뿐이다. 그는 세상 속에 현존한다는 사실로부터 자아를 지켜내지 못하고 그저 적나라한 사실성에 입각하여 저 현존성을 지탱하고 있을 따름이다.

하지만 인간이 맹목적인 사실로서 존재한다는 점을 그저 받아들이기만 한다면, 인간은 자기가 존재한다는 점을 깨닫지 못하는 나무나 조약돌과 다름없는 존재가 된다. 우리는 무심하게도 이러한 것들을 이해하기 어려운 생명들로 여기게 될 것이다. 그러나 밑바닥 인간은 경멸을 불러일으킨다. 다시 말해 사람들은 그가 자아를 의지하지 않는 것을 책망하면서 그가 경멸을 받을만하다고 여긴다. 그러나 그 누구도 수동적으로 당하기나 하는 일개 주어진 것a datum에 불과한 존재가 아니다. 물론 실존을 부정하는 것이 존재하기의 또 다른 방법일 수는 있다. 그러나 자기가 살아있는 동안에는 그 누구도 무덤 속의 안식을 알 수 없는 법이다. 바로 여기에서 우리는 밑바닥 인간이 패배했음을 알게 된다. 그는 자신을 망각하려고 한다. 자신에 대해 무지하고자 한다. 그러나 인간의 핵심에 존재하는 무는 저 스스로 지니는 의식이기도 하다. 무로서의 부정성은 긍정적인 것으로의 순수 회귀를 위한 것으로서가 아니라 고뇌, 욕망, 간청, 괴로움으로서 적극적으로 터져 나온다. 밑바닥 인간은 그것[부정성]을 회피한다. 그는 [실존하는 것이 아니라] 존재하는 것being에 몰두하지 못하여 장래에 위험한 상황에 놓이는 것, 그리고 그런 가능성에 몰리는 것을 두려워하는 것 못지않게 자신을 기투에 몰두하도록 만드는 것을 두려워한다. 그리하여 그는 진지한[=엄숙한] 세계가 보유한 기성의 가치 속에 은신처를 마련하도록 유도된다. 그는 어떤 의견을 표명할 것이다. 어떤 이름표 뒤에 숨을 곳을 마련할 것이다. 그리하여 자신의 무관심성을 은폐하기 위해 그는 폭발적인 말을 쏟아 내거나 물리적 폭력까지도 행사하게끔 자아를 기꺼이 방기할 것이다. 하루는 왕당파였다가 다음 날에는 아나키스트가 되어 버릴 그는 누구보다도 쉽게 반유대주의자, 반교회주의자 혹은 반공화주의자가 된다. 따라서 이 밑바닥 인간은 무해한 피조물이 아니다. 비록 우리가 이런 사람을 부인이나 일삼고 내빼기나 하는 사람으로 규정해 버리기는 했지만 말이다. 그는 자기가 그 누구도 통제할 수 없는 맹목적인 무제한적 힘으로서의 세상에 존재하고 있음을 깨닫는다. 린치를 가하고, 대학살을 자행하고, 진지함[=엄숙함]과 열정이 뒤섞인 광신주의로 조직한 피비린내 나는 수많은 위대한—그러나 [실존함의] 위험이라고는 존재하지 않는—운동의 와중에서 더러운 일을 실제로 하는 사람들은 바로 저 밑바닥 인간들 중에서 충당된다. 바로 이러한 이유 때문에 밑바닥 인간은 자유로운 이들이 조형한 인간적 세상 속에서 자기를 자유롭게 만들려고 의지하는 모든 이들을 메스꺼워하는 것이다. 윤리는 사실성을 극복하고 자유가 승리를 거둠으로써 존재하게 된다. 그러나 밑바닥 인간은 단지 실존의 사실성만을 느낄 뿐이다. 그는 인간다움의 지배 범위를 더 넓히는 대신 타인들이 기투하는 것들에 타성적으로 반대한다. 그러한 실존으로는 세상 속에 그 어떤 의미 있는 기투도 내놓지 못한다. [그에게] 인간이란 야만스러운 달음질^{flight}로 규정된다. 그의 주변에 있는 세상은 공허하고 비정합적이다. 이렇다 할 만한 것이 일어난 적은 전혀 없으며, 욕망하거나 노력을 기울일 가치가 있는 것이란 아무것도 없다. 밑바닥 인간은 의미가 박탈된 세상에 길을 내주면서 죽음을 향해 나아간다. 이 죽음이란 그저 자기에 대한 기나긴 부정을 통해 자아를 확인하는 것에 불과하다. 이러한 경험 속에서 폭로되는 것은 오직 스스로 정당화시키는 방법을 모르게 되면 영원히 정당화되지 못하는 것으로 남게 되는 실존의 부조리한 사실성일 뿐이다.

밑바닥 인간은 세상을 사막과 같이 지루한 곳으로 경험한다. 그가 창조한 것과 아무런 연관성을 갖지 못하는 우주의 괴이한 특성은 그에게 두려움마저 불러일으킨다. 그는 현재적 사건의 무게에 내리눌리고 있기 때문에 무시무시한 망령, 전쟁, 질병, 혁명, 파시즘, 볼셰비즘이 출몰하는 미래의 어둠 앞에서 어찌할 바를 모른다. 이러한 위험이 분간될 수 없을 만큼 불분명할수록 두려움은 더해진다. 밑바닥 인간은 자기의 공포를 재차 강화하는 바로 저 불명확함 이외에는 아무것도 가진 게 없기 때문에 [이런 재난들로 인해] 잃어버릴 수밖에 없는 것에 대해서는 명확하게 알지 못한다. 사실 그가 두려워하는 것은 예기치 않은 충격이 그로 하여금 자아에 대해 고뇌하는 의식을 상기시키게 될지도 모른다는 점이다.

따라서, 실존을 대면하는 것은 인간의 공포만큼이나 근본적인 것일 수 있다. 설령 어떤 사람이 오래전부터 자기가 세상 속에 현존함을 부정하겠다는 선택을 했다고 할지라도, 그가 존재하지 않을 도리란 없으며, 자기만의 자유의 증거를 고뇌하는 것을 없애 버릴 수는 없다. 우리가 방금 살펴봤던 바와 같이, 이것이 바로 그가 자기의 자유를 제거하기 위해 자유에 적극적으로 종사하도록 이끌리는 이유이다. 논리적으로 밑바닥 인간은 진지한[=엄숙한] 사람의 태도 쪽으로 회피해 버린다. 그는 진지한[=엄숙한] 사람이 사회에서 받아들인 내용 속에 자기의 자유를 처넣어 버린다. 그는 자기의 주체성을 무화시키기 위해 대상 속에서 자신을 상실하게 만든다. 이 점은 너무나 자주 목격되는 일일 정도로 확실하여 굳이 길게 생각할 필요도 없다. 헤겔은 이점을 아이러니한 어조로 말했다. 그는 『정신현상학』에서 밑바닥 인간이 본질적인 것으로 여겨지는 대상에 직면했을 때 비본질적인 것으로서의 역할을 한다는 사실을 보여줬다. 밑바닥 인간은 대의명분Cause, 과학, 철학, 혁명 등의 모습으로 나타나 숭앙받는 대업the Thing의 이득을 위해 자신을 억눌러 버린다. 그러나 이러한 책략은 무산되는 법이다. 왜냐하면 그가 구체적이고 분리된 실존인 한, 대의명분은 개별적인 것을 구제할 수 없기 때문이다. 헤겔 이후, 키르케고르와 니체도 진지한[=엄숙한] 사람과 그의 우주에 내포된 기만적인 어리석음에 격분하였다. 그리고 『존재와 무』는 진지한[=엄숙한] 사람 및 그의 우주에 대해 상당량의 설명을 할애하고 있다. 진지한[=엄숙한] 사람은 자신의 자유를 무조건적인 가치들 아래에 종속시킴으로써 자유를 제거해 버리자고 주장한다. 그는 이러한 가치들이 자기에게 영속적으로 부여될 것이라고 꿈꾸면서 이러한 가치들에 자기를 첨가해 버린다. 그는 '옳음'을 가지고 자신을 가리면서 실존의 압박을 회피하는 **존재자**being로 만족한다. 진지함[=엄숙함]은 목적의 본성을 추구하는 것으로는 규정되지 않는다. 기술자뿐만 아니라 유행에 물든 경박한 여인도 진지함[=엄숙함]의 이러한 심태mentality를 지닐 수 있다. 사람들이 절대적인 것으로서 요구하는 목적에 유리하도록 자유가 부정당할 때, 바로 그때가 진지함[=엄숙함]이 존재하는 순간이다.

　이 모든 것이 잘 알려져 있는 까닭에 이 자리에서는 그저 몇 가지만 언급하고 싶다. 진실하지 않은 수많은 태도들 중에서 왜 후자가 가장 널리 퍼져 있는지는 무척 쉽게 이해된다. 사람들은 모두 처음에는 아이였기 때문이다. 신의 관점 하에서 삶을 영위하고, 신의 약속이 주어져 있기 때문에 사람들은 좀처럼 불안과

의심을 품지 않게 된다. 무엇이 행해져야만 할까? 무엇을 믿어야만 할까? 젊은이들도 처음에는 밑바닥 인간과 같이 실존을 거부하지 않아서 저 물음들이 제기되지도 않았는데, 그럼에도 불구하고 자주 이와 같은 물음들에 답해야만 한다는 사실에 흠칫 놀라곤 한다. 꽤 길다 싶을 정도의 위기를 겪은 후, 젊은이는 부모님과 선생님들의 세상으로 돌아가거나 그에게 새로운 것이기는 하지만 안전하고도 확실해 보이는 가치를 고수한다. 그는 자기를 위험에 던져 넣을 수도 있는 정서를 기꺼이 떠맡으려 하기보다는 그런 생각을 억누른다. 전이와 승화라는 고전적 형태의 청산 작업은 [사실] 정서적인 것을 지나 기만이라는 맞춤한 그늘 속에 자리한 진지함[=엄숙함]을 향해 가는 통로이다. 진지한[=엄숙한] 사람에게 중요한 문제가 되는 것은 자기가 선호하는 대상의 본성에 관한 것이 아니라 그러한 대상에 함몰되어 자기를 상실하게 만들 수 있는 존재의 사실성에 관련된 문제일 뿐이다. 하도 그러다 보니 그런 대상을 향해 가는 저 운동은 그의 임의대로 이루어지는 거라서 급기야 주체성을 가장 급진적으로 선언하는 것으로 여겨지곤 한다. 그리하여 믿음을 위한 믿음, 의지를 위한 의지가 생기고, 목적을 달관한 초월이 나타나며, 무관심성으로서의 자유freedom of indifference라는 공허하고 부조리한 형태의 자유를 실현하고자 하는 일이 벌어지는 것이다.

진지한[=엄숙한] 사람의 기만성은 위와 같은 방식으로 수행하는 자유의 부정을 끊임없이 재개하도록 강요하는 데에서 비롯한다. 그는 유아적 세상에 살 것을 스스로 선택하는 듯 보이지만, 이 어린애에게는 가치들이 그야말로 주어지는 것일 따름이다. 진지한[=엄숙한] 사람은 자기가 부친 편지였다는 사실을 망각한 채 연애편지를 읽는 허언증 환자와 같이 스스로에게 가치들을 제공하는 식의 가면을 쓰고 있음에 틀림없다. 우리는 이미 앞에서 어떤 어른들은 진심으로 진지함[=엄숙함]의 우주 속에서 살 수 있다는 점을 지적하였다. 탈출의 모든 수단이 부정된, 노예가 되거나 미혹에 휩싸이는 사람들이 그 예이다. 경제적이고도 사회적인 여건으로 인해 개인이 세상에 영향력을 행사하는 일이 점점 적어질수록, 세상은 그에게 [어찌해 볼 도리가 없는 그저] 주어진 것으로서 나타나는 경우가 점점 더 많아진다. 이것은 '하찮은 것'이라고 일컬어진 사람들이나 오랜 예속의 전통 속에서 살아온 여성들의 경우에 발생하는 일이다. 체념하는 그들에게서는 태만하고 소심한 모습이 자주 발견된다. [위에서 언급했던] 그네들의 진심은 그리 완전한 것이 아니다. 그러나 그것이 존재하는 한 그네들의 자유는 부정되는 바 없이 여전히 유용하다. 무지하고 무기력한 상태에 있어도 그들은 실존의 진리를 인지할 수 있으며 스스로에게 적절한 도덕적 삶을 제시할 수 있다. 심지어 자기네가 경외하는 바로 그 대상에 맞서 획득하였던 자유를 향해 [태도를] 전환하는 일이 발생하기도 한다. 그래서 어린애같이 천진했던 『인형의 집』 여주인공이 진지함[=엄숙함]의 거짓에 맞서 반항할 수 있었던 것이다. 반면에 이러한 거짓에서 벗어나는 데에 필수적인 수단을 지닌 사람과 그러한 수단을 이용하기를 원치 않는 사람은 그 수단을 부정하는 데에 자기의 자유를 소진해 버린다. 그는 스스로를 진지하게[=엄숙하게] 만든다. 그는 자기가 인정한 윤리적 우주로부터 뽑어져 나온 옳음이라는 방패 아래 자기만의 주체성을 감춘다. 그는 더 이상 한 인간이 아니라 아버지이자 상사이고 그리스도 교회 혹은 공산당의 구성원일 뿐인 것이다.

만약 어떤 사람이 자유의 주관적 긴장을 부인한다면 그는 분명히 자유를 끝없는 운동 속에서 보편적으로 의지하지 못하게 할 것이다. 진지한[=엄숙한] 사람은 그가 설정한 목적의 가치를 자유롭게 세웠다는 점을 인정하지 않은 덕에 스스로를 목적의 노예로 만들어 버린다. 그는 모든 목표가 출발점인 동시에 종착지이기도 하다는 점을, 그리고 인간의 자유는 인간 자신이 운명으로 삼아야만 하는 궁극적이고도 유일한 목적이라는 사실을 잊었다. 그는 **유용한**이라는 형용사가 [보어 없이도] 완전한 뜻을 지닐 수 있다고 여긴다. [하지만] 이 형용사는 **높은**, **낮은** 그리고 **오른쪽의**, **왼쪽의** 등과 마찬가지로 혼자서는 의미를 드러내지 못한다. 이 단어는 관계성을 함의하며 어떤 보어를 요구한다. 이것 혹은 저것**을 위해** 유용하다는 식으로 말이다. 이 보어 그 자체에 대해서는 의문이 제기되어야만 하고, 우리가 나중에 살펴보게 되겠지만, 그렇게 해서 행위에 관한 온갖 문제가 제기되는 것이다.

하지만 진지한[=엄숙한] 사람은 아무런 의문을 품지 않는다. 군인에게 군대는 유용하다. 식민지 행정관에게는 고속도로가 그럴 것이고, 진지한[=엄숙한] 혁명가에게는 혁명이 그러할 것이다. 군대, 고속도로, 혁명, 생산품은 인간 자신을 희생시키는 것에 주저하지 않으려는 사람에게는 비인간적 우상이 된다. 따라서 진지한[=엄숙한] 사람은 위험하다. 그가 자기를 전제자로 만드는 것은 너무나 자연스러운 일이다. 진지한[=엄숙한] 사람은 자기 선택이라는 주체성을 기만적으로 무시하면서 대상의 절대적 가치가 그를 통해서 발휘된다고 여긴다. 마찬가지 이유에서 그는 주체성의 가치와 타인들의 자유를 무시한다. 그리하여 사물을 위해 주체성의 가치와 타인의 자유를 희생시키는 데까지, 그리고 그가 희생시키는 것이 아무것도 아니라고 자기를 설득한다. 고속도로를 우상으로까지 섬기는 식민지 행정관은 고속도로 건설을 위해서 수많은 원주민의 생명을 대가로 지불해야 한다는 사실에 아무런 거리낌이 없다. 고속도로를 건설하는 데 있어서 무능하고 게으르며 솜씨 없는 원주민의 생명이 무슨 가치가 있냐고 생각하기 때문이다. 진지함[=엄숙함]은 사람들을 열정에 휩싸인 가공할 광신으로 이끈다. 그것은 하나의 내적 운동인 신조를 외적 강제 수단으로 강요하는 데 조금도 주저하지 않았던 종교재판과도 같은 광신이다. 그것은 린치를 가함으로써 도덕성을 수호하고자 하는 미국 자경단the Vigilantes of America이 지닌 광신이다. 그것은 인간적 내용으로 이루어진 정치를 쭉정이로 만들어 개인들**을 위한** 국가가 아니라 개인들**에 맞서는** 국가가 되도록 강요하는 정치적 광신이다.

진지한[=엄숙한] 사람은 모순적이고, 조리에 맞지 않으며, 터무니없는 이런 종류의 행동을 정당화하기 위해서 진지함[=엄숙함]에 대해 말싸움을 거는 쪽으로 피신해 버린다. 그렇지만 그가 말싸움을 거는 진지함[=엄숙함]은 자신의 것을 대상으로 하는 게 아니라 타인의 것에 대한 것일 뿐이다. 그러므로 식민지 행정관은 아이러니의 술책에 대해 무지하지 않다고 하겠다. 그는 행복의 중요성, 안락함, 원주민의 삶을 견주어보기도 하지만 이내 고속도로, 경제, 프랑스 제국 쪽으로 되돌아간다. 그는 위와 같은 신성한 것들의 종복이 되는 쪽으로 입장을 바꿔 버리는 것이다. 진지한[=엄숙한] 사람은 거의 모두 편의주의적인 경솔함을 길러낸다. 우리는 가톨릭의 순진한 명랑함, 즉 파시스트적 '유머 감각'에 익숙해 있는 것이다. 세상에는 이러한 무기의 필요성조차 느끼지 못하는 사람들도 있다. 그들은 달아나 버림으로써 자기네가 선택한 것의 비정합성이 자기에게 드러나지 않도록 은폐한다. 우상이 더 이상 관심을 끌지 못하게 되면, 진지한[=엄숙한] 사람은 밑바닥 인간의 태도로 재빨리 미끄러져 들어간다.

그는 어떤 보증 없이는 존재할 수 없는 까닭에 자기를 존재하지 못하게 만든다. 프루스트Proust는 훌륭한 의사나 교수가 가끔 스스로를 전공 분야 이외에 대해서는 감수성, 지식, 인간성을 결여한 이로 여기고 있다는 사실에 크게 놀랐다고 말했다. 그 까닭은 이들이 자기의 자유를 포기해 버렸기 때문이다. 그와 같은 이에게는 전문기술 외에 아무것도 남겨져 있지 않다. 자기 전문기술이 적용되지 못하는 영역에서라면 그는 범상하기 이를 데 없는 가치를 고수하거나 자아를 완수하는 일로부터 달음질칠 것이다. 진지한[=엄숙한] 사람은 지평선에 빗장을 지르고 하늘을 체로 가려내는 대상 안에 자기 초월 작업을 꽁꽁 에워싸 놓는다. 그렇게 남은 세상이란 아무런 얼굴도 없는 사막이다. 여기서 우리는 어떻게 그러한 선택이 즉각적으로 굳은 확신이 되는지 다시 한 번 목격하게 된다. 예를 들어, 존재함이 오직 군대라는 형식 안에서만 **존재한다**고 해보자. 그렇게 된다면 군인은 과연 막사와 군사작전을 증강하는 것 외에 다른 무엇을 바랄 수 있을까? 씨가 뿌려지지 않아 거둬들일 것이 아무것도 없는 버려진 곳에서는 마음을 끌 만한 것이란 당최 솟아오르지 않는다. 늙은 장군은 막료직을 그만두자마자 멍청해진다. 이것이 진지한[=엄숙한] 사람이 자기가 목표로부터 떨어져 나갔다는 사실을 알아차렸을 때 삶의 모든 의미를 잃어버리게 되는 까닭이다. 진지한[=엄숙한] 사람은 보통 한 바구니에 모든 달걀을 담지 않는다. 하지만 실패나 늙어 버린 나이가 그가 정당화한 모든 것을 무너뜨리는 일이 벌어질 경우, 언제나 그러하듯이 아무것도 바꾸지 않은 채 내빼는 것 외에는 구원의 다른 방도란 없다. 망해 버리고 영락한 저명인사란 '한물간 사람'일 뿐이다. 자살함으로써 자유의 고뇌를 단번에 끝장내지 않는 이상 그는 밑바닥 인간과 한패가 된다.

진지한[=엄숙한] 사람이 대상에 종속됨으로써 휩싸이는 감정은 두려움이다. 그래서 그의 눈으로 보기에 최우선적 가치는 신중함이 된다. 진지한[=엄숙한] 사람은 자유의 고뇌를 방기한 채 염려하고 걱정하는 일에만 집착한다. 그에게 모든 것은 위협일 뿐이다. 왜냐하면 그가 우상으로 삼은 것이 외재적인 것이고, 그것은 [자기가 아닌] 전 우주와 관련되며, 그 결과 그는 전 우주에 의해 위협받기 때문이다. 모든 예방조치에도 불구하고, 그는 외적 세계에 종속되기로 맘먹은 채 세상의 주인이 되려고 하지 않을 것이고, 그 결과 그는 사건의 추이를 통제할 수 없다는 점으로 인해 오로지 어쩔 줄 몰라 하는 신세가 될 것이다. 그는 언제나 좌절했다고 말하게 될 것이다. 왜냐하면 세상을 견고한 사물로 만들고자 하는 그의 기대는 삶의 운동성으로 인해 언제나 어긋나 버리기 때문이다. 미래는 그가 누리고 있는 현재의 성공을 시험에 들게 할 것이다. 자식들은 그를 거역할 것이고, 그의 의지는 낯선 자들의 반대에 직면할 것이다. 그는 언짢음과 쓰라림의 먹이가 될 것이다. 진지함[=엄숙함]은 즉자와 대자의 불가능한 종합을 실현하고자 취하는 한 방편인 까닭에 그가 누리고 있는 성공은 잿더미를 맛보게 된다. 진지한[=엄숙한] 사람은 자기를 신으로 만들고자 의지한다. 그러나 그는 신이 되지 못하며, 그렇다는 것을 알고 있다. 그는 주체성을 제거하기를 바라지만, 주체성은 계속적으로 가면을 벗고 얼굴을 드러낼 위험을 품고 있다. [그리하여] 주체성이 가면을 벗고 얼굴을 드러낸다. 성찰은 모든 목적들을 초월하면서 '무엇이 유용한 것일까?'라고 의심한다. 그러자 밖에서 정당화를 구하고자 했던 생의 부조리함이 정체를 드러낸다. 그런데 정당화란 실로 [바깥이 아니라] 그 자체로서만 이루어질 수 있는 것이다. 목적들이 그것들을 진정으로 정초해 줄 가능성도 있었던 자유와 동떨어지게 된 까닭에, 이제까지 추구해 왔던 모든 목적들은 그저 자의적이고 무용한 것으로 보이게 되었다.

진지함[=엄숙함]의 이러한 실패는 때때로 극단적인 혼란을 일으킨다. 아무것도 할 수 없는 존재라고 의식하게 될 때, 인간은 무로 **존재**하고자 결정하는 것이다. 우리는 이러한 태도를 허무주의적이라고 일컬으리라. 허무주의자는 자기의 부정성을 살아있는 운동으로 구현하지 않는다는 점, 그리고 자기를 무화시키는 것을 본질적인 것으로 여긴다는 점에서 진지함[=엄숙함]의 정신과 밀접하다. 그는 무로 존재하고자 한다. 그가 꿈꾸는 저 무는 여전히 다른 종류의 존재함이다. 정확히 말하자면 존재

함에 대한 헤겔주의적 반명제로서의 운동 없는 소여^{stationary datum}
다. 허무주의는 자기에게 등 돌려 버린 진지함[=엄숙함]에 실
망한다. 실존의 환희를 느끼고, 그것을 선물이라 여기며 떠맡는
사람들은 이런 종류의 선택을 하지 않는다. 이러한 선택은 어린
시절의 세상이 사라져 버린 것을 알게 되어 마음속으로부터 결
핍감을 느끼는 청소년기에 나타나는 일이다. 혹은 훗날 특정한
존재함을 가지고 자아를 완성하려는 시도가 실패로 돌아갔을 때
발생하는 일이다. 어느 경우든 그들은 모두 세상과 자아를 부정
함으로써 자유의 불안을 제거하려는 사람들이다. 이러한 거부
를 통해 그들은 밑바닥 인간에 가까워진다. 차이점이라고 한다
면 그들의 후퇴가 자신의 고유한 운동에 의한 것이 아니라는 데
있다. 처음으로 그들은 자신을 세상에 던짐으로써 때때로 정신
이 확장되기까지 한다. 그들은 존재하면서 그것을 알아차린다.

　　자기를 속이면서 진지한[=엄숙한] 세상에 대한 애착을 유지
하는 것은 간혹 발생하는 일이다. 사르트르는 보들레르^{Baudelaire}의
시를 연구하면서 이 시인을 그와 같이 묘사했다. 보들레르는 어
린 시절의 가치에 대해 불타는 증오를 느꼈다. 그러나 이러한 증
오에는 여전히 어떤 경외하는 마음을 함축하고 있었다. 경멸만
이 그를 해방시켰다. 그는 끊임없이 세상을 미워하고 조롱하는
자신을 위해서 자기가 저버렸던 세상을 필요로 했다. 이것은 주
앙도*도 묘사했던 것과 같은 악마적인 인물의 태도다. 사람들은

어린 시절에 내면화한 가치들, 사회의 가치들, 혹은 교회의 가치들을 짓밟아 버릴 수 있도록 이러한 가치들을 고집스럽게 유지한다. 악마적인 인물은 [가치를 부정하고 있지만] 여전히 진지함[=엄숙함]에 매우 가까이 있다. 그는 진지함[=엄숙함]을 믿고자 한다. 그는 반항을 통해 진지함[=엄숙함]을 견고하게 만든다. 그는 부정과 자유로서의 자아를 느끼지만 이러한 자유를 적극적 해방으로 실현시키지 못한다.

사람들은 이미 거부된 세상과 자아를 경멸하는 것에 머물지 않고 한 걸음 더 나아가 무화시키는 것에 몰두함으로써 거부를 한층 더 심화시킨다. 예를 들어 잃어버린 대의에 제 몸을 내주는 사람은 그 속에 함축된 파멸의 원인이 세상과 한 몸을 이루고 있다는 태도를 택한다. 그럼으로써 그는 이 저주받은 세상에 자신을 포함시키면서 자기를 저주한다. 또 다른 사람은 애초부터 실패가 예정된 일에 몸 바친다기보다는 자기를 파멸시키는 일에 시간과 에너지를 온통 쏟아붓는다. 그는 기투를 배제하는 일을 잇달아 해대고 그런 일에 허송세월하면서 자신이 겨냥했던 목표를 체계적으로 무화시켜 버린다. 말로써 말을 부정하고, 행위로써 행위를 부정하며, 예술로써 예술을 연이어 부정하는 것은

*마르셀 주앙도(Marcel Jouhandeau, 1888~1979)는 현대 프랑스의 문인이다. 그는 동성애적 성적 취향을 갖고 있었지만 어릴 적부터 가톨릭의 보수적 교리에 영향을 받아 내적 갈등을 겪었다. 비시정권 하에서는 친독일적 성향을 보이기도 했다.

다다이스트에 의해 구현된 비정합성이다. 혼란과 무정부 상태를 저지르려는 엄격한 지령을 따르면서, 사람들은 모든 행동에 대한 폐지를, 결과적으로는 모든 목적과 자아의 폐지를 이루어낸다.

그러나 이러한 부정의 의지는 어긋나 버리기를 영원히 계속한다. 자신을 드러내는 바로 그 순간 현존하는 제 자신이 드러나기 때문이다. 그러므로 여기에서는 끊이지 않는 긴장, 즉 실존주의적 긴장the existential과 반비례적 대칭관계를 이루고 있으면서 이보다 더욱 고통스러운 긴장이 함축돼있다. 인간이 존재하지 않는다는 게 참이라면, 인간이 존재한다는 것 역시 참이기 때문이며, 나아가 인간의 부정성을 적극적으로 실현하기 위해서라면 그는 실존의 운동을 끊임없이 반박해야만 할 것이라는 점도 참이기 때문이다. 만일 어떤 이가 자살이라는 자기 포기를 감행하지 않는다면, 그는 허무주의의 격렬한 거부로 기울기보다는 조금 더 안정적인 태도를 취하는 쪽으로 슬쩍 빠져나올 것이다. 초현실주의는 상이한 종류의 진화가 가능하다는 점을 역사적이고도 구체적인 실례로 보여주고 있다. 바쉐와 크레벨*과 같은 초창기 인물들은 자살이라는 극단적 해결책에 의존했다. 다른 이

*자크 바쉐(Jacques Vaché, 1895~1919)는 앙드레 브르통(André Breton, 1896~1966)과 함께 초현실주의를 창시한 프랑스의 문인으로 자살로 생을 마감했다. 르네 크레벨(René Crevel, 1900~1935)은 프랑스의 초현실주의 작가. 파리 대학에서 영문학을 공부한 그는 1921년 브르통을 만나 초현실주의 운동에 동참한다. 크레벨 역시 서른다섯 살에 부엌의 가스스토브를 켜놓고 자살하였다.

들은 약물로 몸과 정신을 망가뜨렸다. 또 다른 이들은 일종의 도덕적 자살을 이루는 데에 성공하였다. 세상의 인구가 줄어든 덕분에 그들은 자신이 사막 안에 있음을 발견했으며 급기야 자기를 밑바닥 인간 수준으로 격하시켰다. 이들은 [허무를 향해] 달아나지도, 달아나려 하지도 않게 되었다. 진지함[=엄숙함]의 보증을 추구하는 사람들이 [초현실주의자들 사이에서도] 다시 존재하게 된 것이다. 그들은 자의적으로 결혼, 정치, 종교 등을 피난처로 삼으면서 [초현실주의를] 교정하였다. 자아에 대한 신뢰를 유지하려 했던 초현실주의자들조차 긍정적인 것, 즉 진지함[=엄숙함]으로 되돌아가지 않을 수가 없었다. [그리하여] 미학적, 정신적, 도덕적 가치에 대한 부정이 하나의 윤리학이 되었다. 규칙을 어기며 제멋대로 사는 것이 하나의 규칙이 되었기 때문이다. 우리는 새로운 교회가 건립되는 현장에 참석하게 되었다. 그 교회는 나름의 교리와 제례와 신앙과 사제와 심지어 순교자까지 갖추고 있다. 오늘날 브르통과 비교할 수 있는 파괴자는 어디에도 없다. 그는 교황인 것이다. 회화가 회화를 암살하려는 모든 시도로서 여전히 존재하듯이, 수많은 초현실주의자들은 작품이라는 긍정적 산물의 저자로서 자아를 발견했다. 그들의 반역은 오히려 자기 경력을 쌓는 일이 되었기 때문이다. 결국 초현실주의자들 중 일부가 긍정적인 것으로 회귀하면서 그들 식의 자유를 현실화시킬 수 있었다. 그들은 이를 부정하지 않고 자유의 내용을 채워나갔다. 그들은 자아를 상실함 없이 정치적 행위에, 지적이고도 예술적인 탐구에, 가정과 사회적 삶에 참여했다.

　허무주의자의 태도는 긍정성으로 드러날 경우에만 영속적일 수 있다. 허무주의자가 자기의 고유한 실존을 거부하고자 한다면 그는 자기의 고유한 실존을 확인시켜주는 실존들 역시 거부해야만 한다. 만일 그가 무이고자 한다면, 모든 인류 역시 무화되어야만 한다. 그렇지 않다면, 그는 타자the Other가 드러내는 세계의 현존성으로 인해 세계에 현존하고 있는 자아와 만나게 될 것이기 때문이다. 그러나 파멸에 대한 저 갈망은 곧바로 권력에 대한 욕망의 모습을 취하게 된다. 무의 맛은 모든 인간을 처음으로 규정했던 존재함의 원초적 맛을 즐기게 한다. 그는 무를 세상에 나타나게 하는 자아를 만들어 냄으로써 그런 자아를 하나의 존재로 구현한다. 그래서 나치즘은 권력에 대한 의지인 동시에 자살에 대한 의지였던 것이다. 역사적 관점에서 보면 나치즘은 이것 이외의 많은 특징을 지닌다. 특히 라우슈닝*으로 하여금 자기 책에『허무주의 혁명The Revolution of Nihilism』이라는 제목을 달도록 만든 어둠의 낭만주의라는 특성 이외에도 우리는 음울한 진지함[=엄숙함] 역시 발견하게 된다. 나치즘이 쁘띠 부

---

*헤르만 라우슈닝(Hermann Rauschning, 1887~1982)은 2차대전 직전의 보수혁명에 참여했던 정치가였다. 그는 잠시 나치운동에 가담했다가 1934년 나치당을 탈퇴하고 2년 후 미국으로 망명하였다.

르주아의 진지함에 봉사했던 것은 사실이다. 그러나 나치 이데올로기가 이런 식의 허무주의와 진지함[=엄숙함]의 동맹을 불가능하게 만들지는 않았다는 점에 주목하는 것은 흥미로운 일이다. 진지함[=엄숙함]은 종종 행위의 자가당착을 은폐하기 위해 나치즘의 대상이 되지 않는 모든 것은 거부해 버리는 편향적인 허무주의와 규합하였기 때문이다.

이러한 격정적 허무주의라는 차라리 순수하기까지 한 사례로는 드리외 라 로셸*이 잘 알려져 있다.『속 빈 가방The Empty Suitcase』은 존재의 결핍, 즉 부재로서의 존재하기라는 사실성을 예민하게 느끼는 한 젊은이의 고백이다. 이것은 순수 경험이다. 이 경험은 구원이란 것이 오직 저 결핍을 떠맡을 경우에만 가능하다는, 그리고 신이라는 관념에 대항하여 존재하는 인간의 편을 듦으로써 가능하다는 사실에 바탕을 두고 있다.『질Gilles』과 같은 소설은 이와 반대되는 증거인데, 거기서 드리외는 자기기만을 고집스레 유지했다. 그는 자신을 증오하면서 인간으로서의 자기 조건을 거부하기로 선택했다. 이러한 선택은 그로 하여금 자기를 포함한 모든 사람들을 증오하게끔 만들었다. 질은 스페인 노동자들을 해고할 때에만, 그리고 흘러내리는 피를 볼 때

*피에르 드리외 라 로셸(Pierre Eugène Drieu La Rochelle, 1893~1945)은 프랑스의 소설가이자 평론가이다. 1차대전 이후 불안한 세계 감정을 소재로 한 여러 작품을 썼다. 1930년대에는 파시즘을 받아들여 비시 정권 당시 독일에 부역했다가 해방 후 자살로 생을 마감했다.

만 만족감을 느낀다. 그에게 흘러내리는 피는 죄 많은 인간의 구원을 위해 흘리는 그리스도의 그것에 비견된다. 완전한 부정이 성취되는 타인들의 죽음이 인간의 유일한 구원이라도 되는 듯이 말이다. 당연하게도 이러한 행로는 [독일 정부에 대한] 부역에서 막을 내렸다. 드리외에게 혐오스러운 세상의 파멸은 자기를 폐지하는 일과 같다. 겉핥기식 결핍external failure은 변증법적으로 요청된 하나의 결론, 즉 자살을 가져왔던 것이다.

이런 허무주의자의 태도는 [일견] 어떤 진리를 드러내고 있다. 이러한 태도 속에서 사람들은 인간 조건의 애매성을 경험한다. 그러나 인간을 결핍의 적극적 실존으로 규정하지 않고, 아예 결핍 그 자체에만 머무르는 실존이라고 규정했다는 점에서 잘못을 범하고 있다. 실존이란 결핍 그 자체가 아니다. 만일 자유가 거부의 형태로 경험된다면 완전하게 달성되지는 못할 것이다. 허무주의자는 세상이 정당한 이유를 **갖고 있지** 않으며 자기 자신은 무로 **존재한다**고 생각했다. 그 점에서 허무주의자는 옳다. 하지만 그는 세상을 정당화하는 일과 자기를 타당하게 실존하도록 만드는 것이 자기에게 달린 일이라는 사실을 망각했다. 그는 죽음을 삶에 통합시키는 대신, 허무주의 안에서 기만적 죽음의 모습으로 그 앞에 나타난 삶의 진리만을 보았다. 그러나 삶은 존재하며, 허무주의자도 자기가 살아있음을 알고 있다. 이곳이 바로 그의 결핍이 놓여있는 장소다. 그는 실존을 없애 버리지도 못한 상태에서 실존을 거부하고 있다. 그는 자기를 초월로 이 끄는 모든 의미를 부정한 나머지 자아마저도 초월해 버리게 된 다. 자유 속에서 환희하는 사람은 허무주의자들과 동맹할 수 있 음을 알게 된다. 왜냐하면 이들은 모두 진지한[=엄숙한] 세상 에 이의를 제기하고 있기 때문이다. 그러나 허무주의자가 세계 와 인간을 체계적으로 거부하는 한, 그리고 이러한 거부가 적극 적 파괴 욕망으로 귀결된다면, 자유 속에서 환희하던 그 사람은 자기 안의 적을 알아볼 수 있게 되기도 한다. 이 적은 자유가 맞 서야만 하는 압제를 수립한다.

허무주의자의 근본적인 잘못은 주어진 모든 가치에 맞서 [맹목적으로] 도전하는 것이다. 그는 파괴 행위 저편에 있으면서 자유 자체에 존재하는 보편적이고도 절대적인 목적의 중요성을 깨닫지 못한다. 이런 결핍에도 불구하고, 인간은 원래부터 기쁨 으로 느꼈던 실존에 대한 자기만의 경험을 유지할 수도 있다. 비 록 그는 살아가는 것에서 아무런 정당한 이유를 바랄 수 없는 처 지지만, 사는 것에서 말할 수 없는 환희를 느낄 것이다. 그는 자 기가 믿지 못하는 것들에서 벗어나려 하지 않을 것이다. 이런 것 들 속에서 그는 활동성을 부질없이 내세우기 위해 그럴싸한 구 실을 얻으려 할 것이다. 그런 사람을 우리는 일반적으로 모험가 라고 부른다. 그는 탐험, 정복, 전쟁, 투기, 사랑, 정치 등의 자기 과업에 자기를 열성적으로 내던진다. 그러나 이는 자기가 겨눈

목적에 자신을 부여하는 것이 아니다. 목적을 정복하고자 할 뿐이기 때문이다. 그는 행위 그 자체를 위해 [맹목적으로] 행위하는 것을 좋아한다. 그는 자유의 내용에 대해서는 무관심한 채 세상 전체에 자유가 퍼져나가는 것에서 즐거움을 발견한다. 모험가의 취향이 허무주의적 절망에 바탕을 두고 있는 것이든, 어린 시절 행복했던 나날의 경험에서 직접 나타난 것이든 간에 그것은 언제나 다음과 같은 사실을 함축한다. 즉 자유는 진지한[=엄숙한] 세상과 상관없이 독립적으로 구현되지만, 다른 한편으로 실존의 애매성은 [단순히] 결핍으로서 감지되는 것이 아니라 결핍의 긍정적 측면 속에서 감지되는 것이라는 사실 말이다. 이러한 태도는 진지함[=엄숙함]을 반대하는 허무주의적 태도와 실존을 가지고 허무주의에 반대하는 입장을 변증법적으로 봉합한다. 그러나 물론 개인의 구체적 역사는 이러한 변증법을 반드시 지지하는 것만은 아니다. 이는 그의 [존재] 조건이 매 순간 그에게 나타나고 있다는 사실로 인한 것이요, 그것 이전에 그의 자유가 매 순간 전부이기 때문이다. 인간은 청소년기부터 자신을 모험가로 규정할 수 있다. 원초적이고 풍부한 활력과 성찰적인 회의주의가 합쳐져서 그를 특히 이러한 선택으로 이끌게 될 것이다.

확실히 이러한 선택은 순수한 도덕적 태도와 아주 가깝다. 모험가는 존재성을 이루려는 의도를 품지 않는다. 그는 고의적으로 존재성을 스스로 결핍시키며, 확실히 실존을 목표로 삼는 것이다. 비록 그는 자기 맡은 바에 몰두하지만, 동시에 그는 이러한 목표에서 동떨어져 있다. 성공하든 실패하든 그는 [목표 달성에는] 무관심한 열정을 가지고 새로운 모험에 자신을 내던지면서 앞으로 나아가기만 한다. [그러나] 이것은 그가 자기의 선택을 [자립적으로] 정당화해보려고 하기 때문에 일어나는 일이 아니다. 이와 같은 행동을 주체성의 국면에서 고찰한다면, 윤리학이 요구하는 바에 들어맞게 될 것이다. 그리고 일반의 [오해 섞인] 기대처럼 실존주의가 유아론적이라면, [이런 식으로 오인된 실존주의에서] 모험가는 아마도 완벽한 영웅으로 간주되어야만 할 것이다.

　　무엇보다도 주목해야 할 점은 이런 모험가의 태도가 언제나 순수하기만 한 것은 아니라는 사실이다. [모험가들이 보여주는] 자유분방함의 겉모습 이면에는 부 혹은 영광과 같이 완연히 진지한[=엄숙한] 목표를 비밀스럽게 추구하는 사람들이 숨어있다. 그들은 기존에 승인되었던 가치들에 대한 회의주의를 선포한다. 그들은 정치를 심각하게 고려하지 않는다. 그래서 그들은 1941년과 1945년에 공산주의자들과의 합작을 허용하였다. 사실 그들은 프랑스 인민이나 프롤레타리아트의 이익에 대해서는 일말의 관심도 없었다. 그들은 경력 쌓기와 성공에 밀착해 있을 뿐이었다. 이와 같은 출세지상주의arrivisme야말로 모험 정신과 정반대를 이루는 대립물이라고 하겠다. 왜냐하면 실존하고자 하는 열정은 모험에 의해 우연히 얻어지는 은전으로 경험되는 것이 결코 아니기 때문이다. 모험에 대한 순수한 애정은 진지함[=엄숙함]의 가치들과 불가분하게 혼합되어 떼려야 뗄 수 없을 지경이 되는 일도 발생한다. 코르테스*와 스페인 정복자들conquistadores은 자기들의 쾌락에 봉사함으로써 신과 황제에게 복무했다. 모험은 열정으로 가득 찬 것일 수도 있다. [하지만] 정복의 맛은 종종 미묘하게도 소유의 맛과 단단히 묶인다. 돈 후안**이 좋아했던 것이 유혹[의 열정]이었겠는가? 그는 여자들도 좋아하지 않았던가? 아니, 그는 자기를 만족시킬 수 있는 여자를 [소유하기를] 바라지 않았는가 말이다.

설령 우리가 순수함을 가지고 모험에 관심을 기울인다손 쳐도 우리에게 그러한 모험의 순수성은 주관적인 국면에서만, 사실을 말하자면 매우 추상적인 국면에서만 충족될 수 있는 것으로 보인다. [그런데] 모험가는 항상 모험의 도정에서 누군가를 만난다. 스페인 정복자들은 인디언을 만났고, 외인 용병대장들

*코르테스(Fernando Cortés Monroy Pizarro Altamirano, 1484~1547)는 스페인의 하급 귀족으로 아즈텍을 정복한 사람이다. 정복 과정에서 수많은 아즈텍인들을 학살했다.

**돈 후안Don Juan은 스페인 민간 전설에 등장하는 호색한이다. 이 이야기는 가톨릭 사제였던 스페인의 극작가 티르소 데 몰리나Tirso de Molina가 『세비야의 난봉꾼과 석상의 초대El Burlador de Sevilla y convidado de Piedra』(1630)라는 희곡으로 작품화되었다. 훗날 이 이야기는 모차르트의 오페라 〈돈 조반니Don Giovanni〉(1787)로 개작된다.

condottieres*은 유혈 낭자한 폐허를 뚫고 길을 헤쳐 나갔으며, 탐험가는 자기 주변에서 동지를 얻거나 자기 수하에서 병사를 얻었고, 모든 돈 후안은 엘비라와 맞닥뜨렸으니까 말이다. 모든 과업은 인간 세상에서 전개되어 사람들에게 영향을 미친다. 모험가는 자신의 실존을 고독한 방식으로 주장하도록 제한하지 않는다. 이것이 모험과 단순한 게임을 구분시키는 지점이다. 그는 다른 실존들과 관계하면서 자기의 실존을 주장한다. 그는 자신을 [다른 실존들에게] 공표해야만 하는 것이다.

[자유를 의지하는 것에 있어서는 다음의] 두 가지 태도가 가능하다. 그는 자기의 고유한 자유가 진짜 요구하는 것을 의식할 수 있는데, [한편으로] 그러한 자유는 열린 미래에 자신의 운명을 걸어봄으로써만, [다른 한편으로는] 타인의 자유를 가지고 자기의 고유한 자유를 확장하려고 시도함으로써만 의지할 수 있다. 그러므로 둘 중 어느 경우라도 다른 사람들의 자유는 존중되어야만 하며, 이들 모두는 스스로를 자유롭게 만드는 일에 서로의 도움을 받아야만 한다. 이러한 법칙은 행위에 일정한 한계를 부여하는 동시에 그러한 행위에 일정한 내용을 제공한다. [우리에 의해서] 기각된 진지함[=엄숙함]rejected seriousness의 너머에서는 진정한 진지함genuine seriousness이 발견된다. 자신과 타인들

---

*13~16세기경 피렌체, 베네치아, 제노바 등의 상업이 발달한 이탈리아 중소도시 국가들이 자기 나라의 부를 지키기 위해 고용했던 용병대장들.

을 해방시키는 것을 목적으로 삼으면서도 여러 수단을 통해 이 목적을 존중하도록 자신을 강제하는 사람은 더 이상 모험가라는 이름을 붙일 수 없다. 사람들은 예를 들어 로렌스*에게 모험가의 이름을 붙이는 것은 꿈도 꾸지 않을 것이다. 로렌스는 [모험가라는 사람들과는 달리] 자기 동료의 목숨과 타인의 자유에 대해 근심했으며, 모든 행위가 일으키는 인간의 문제들에 의해 괴로워했던 사람이었던 것이다. 그렇게 사람은 진정으로 자유로운 인간으로 현존하는 것이다.

우리가 모험가라고 일컫는 사람은 이와는 반대로 모험의 내용에 대해 무관심한, 즉 자기의 [모험] 행위가 갖는 인간적 의미에 대해 무관심한 사람이다. 그는 타인들의 실존을 고려하지 않으면서도 자기의 고유한 실존을 주장할 수 있다고 생각하는 사람이다. 이탈리아의 운명은 이탈리아의 외인 용병대장에게는 아무런 문제가 되지 않는다. 인디언의 학살은 피사로**에게 아무런 의미가 없다. 돈 후안은 엘비라의 눈물에 아무런 영향도 받지 않는다. 모험가들은 스스로 설정한 목표에는 무관심하다. 목

---

*토머스 로렌스(Thomas Lawrence, 1888~1935)를 말하는 듯하다. 일반적으로 피터 오툴이 영화 〈아라비아의 로렌스〉에서 열연한 인물로 알려져 있다. 그는 1차 대전 기 아랍 독립 전쟁에 참여하여 아랍 세계를 터키로부터 해방시키는 데에 일정한 역할을 했다. 영국 제국주의는 그의 몽상가적 헌신을 아랍 세계에서의 세력 확장에 활용했다.
**프란시스코 피사로(Francisco Pizarro, 1476?~1541)는 잉카 제국을 정복한 인물이다. 그는 아스테카 제국을 멸망시킨 코르테스와 친척이다.

적을 달성하게 하는 수단에 대해서는 더더욱 무관심하다. 그들은 오직 자기의 쾌락이나 영광에만 관심을 둔다. 이는 모험가가 사람들에 대한 허무주의자의 멸시를 공유하고 있음을 함축한다. 이렇게 멸시하면서 모험가는 자기의 자부심을 모방하지 못하는 사람들은 부진하며 멸시받을 만한 조건에 있는데, 모험가 자신은 이러한 조건으로부터 동떨어져 있다고 믿고 있다. 따라서 모험가는 자기의 권력 의지를 위해 이러한 하찮은 존재들을 거침없이 희생시킨다. 그는 이들을 도구로 취급할 것이다. 모험가가 가는 길에 그들이 얼쩡댄다면 그는 그들을 가차 없이 말살할 것이다. 한편으로 모험가는 타인들의 눈에서는 적으로 보인다. 그의 과업은 일개인의 노름만이 아니다. 그것은 전투다. 그는 자기를 전제자나 망나니로 만들지 않고서는 이 게임을 이길 수 없다. 아무런 도움 없이 이러한 전제자 역할을 강요할 수는 없기 때문에, 그는 전제자나 망나니의 역할을 수행하도록 허용해 줄 수 있는 체제에 봉사의 의무를 다한다. 그는 돈, 무기, 병사들이나 치안 및 법의 지원을 필요로 한다. 모험가가 특정 계급이나 정당의 특권, 특히 권위주의적인 체제와 파시즘의 특권을 지켜주는 모든 체제에 대해 만족하게 되는 것은 가능성의 문제가 아니라 변증법적 필연의 문제다. 모험가는 부, 여가 그리고 즐거움을 필요로 한다. 그리고 그는 그 어떤 목적에 관련해서도 자유로움을 유지할 태세를 갖추기 위해서 이러한 좋은 것들을 최고의 목표로 삼을 것이다. 그러므로 그는 외적 유용성과 실제적 자유를 혼동한 까닭에, [특정 목적으로부터의 자유로움으로서의] 독립을 구실로 삼기는 했지만, 대상의 노예로 전락해 버리고 만다. 그는 자신의 특권을 보장해주는 체제의 편에 설 것이고, 흔해빠진 보통사람들을 경멸하면서 제 모습을 확인하는 사람들을 선호할 것이다. 그는 자신을 체제의 공범자, 하인, 심지어 시종으로 만들 것이다. 이들은 자기만의 얼굴을 지니고 있는가 여부를 가지고는 제 모습을 확인하지 못하는, 자유와는 동떨어진 사람들이다. 그는 자유에 제한을 가하기 위해, 그리고 자유에 관한 모든 구체적 내용을 지워 버리기 위해, 자유를 추상적 독립의 형태로 구현한다. 그러나 이러한 자유는 노예적 상태로 변해 버린 것이다. 만일 그가 자신을 최고 지배자로 만들지 못한다면 그는 지배자들에게 굴종해야만 한다. 상황이 유리해진다면 모험가는 너끈히 독재자로 돌변할 수 있다. 그는 자기 안에 독재자의 씨앗을 내포하고 있다. 왜냐하면 그는 인류를 그 자신의 실존 게임을 보조하기 위해 예정된 아무래도 좋은 재료로 여기기 때문이다. 그러나 그렇게 해서 그가 알게 되는 사실은 전제정의 우두머리 노예라는 점일 뿐이다.

모험가 자신이 전제자거나 최소한 압제자의 공범인 한, 전제자에 대한 헤겔의 비판은 모험가에 대한 비판에 들어맞을 수 있다. 그 누구도 자기를 혼자인 채로 남겨둘 수 없다. 행위가 한

창 수행되는 와중에서라면 모험가는 분명히 행위 자체에서 충족되는 환희를 인식할 수 있다. 그러나 일단 과업이 종결되고 그것이 하나의 사물로 고정화되면, 그것을 되살리기 위해서는 미래를 지향하여 반드시 인정이나 찬탄에 이르게 하는 인간적 계획 human intention이 그 과업에 새로운 활력을 불어넣어야 한다. 모험가 자신이 죽게 되면 그는 자기의 모든 삶을 [자기가 쥐고 흔드는 것이 아니라] 사람들의 손안에 넘겨주게 될 것이다. 여기서는 사람들이 [모험가의 삶에] 의미를 부여할 경우에만 의미가 생기게 될 것이다. 그는 이것을 되뇌고 가끔은 장부에 적어놓기 때문에 이 점을 알고는 있다. 생산물은 늘 부족한 것이기에, 많은 이들은 [물건 대신] 자기들의 인격personality을 후세에게 물려주려 한다. 하다못해 살아있는 동안에라도 그들은 약간의 믿을만한 지지자들의 찬동을 필요로 한다. 모험가가 누군가에 의해 잊히고 미움받게 되므로 그는 실존에 대한 자기만의 경험을 잃어버린다. 실존이 타인 덕분이라는 점은 그에게 무척이나 소중한 사실이다. 아마도 그는 이 점을 모르겠지만. 전 인류에게 지지를 받고 그들의 귀감이 되는 일과 자기 자신을 의지적으로 바라는 일은 같은 것이었다. [하지만 타인과의 관련성 없이] 일단 자기 자신에게만 의존하게 된다면 그것은 부질없고 정당하지 않은 게 된다.

따라서 모험가는 자기의 주체성을 긍정적으로 떠맡는 까닭에 일종의 도덕적 행동을 꾸며낸다. 그러나 만일 그가 이러한 주체성이 반드시 자기를 초월하여 타인을 지향하게 된다는 사실을 인정하지 않는 기만을 선보인다면, 사실 그는 예속 상태라고 할 만한 거짓된 독립성에 자신을 봉해놓게 된다. 자유로운 사람에게 그는 오직 신뢰할 수 없는 뜨내기 동맹자가 될 뿐이다. 그는 너무도 쉽게 적대자로 돌변할 것이다. 그의 잘못은 사람들이 타인 없이도, 심지어 타인에 맞서면서도 제힘으로 무언가를 할 수 있다고 믿는다는 점에 있다.

열정적인 사람은 어느 면에 있어서는 대모험가the Adventurer의 반명제다. 그에게도 자유와 그것이 지닌 내용의 종합명제로서의 어떤 스케치가 있다. 그러나 모험가가 진정하게 이루어내지 못하는 것이 바로 그 내용이다. 반면에 열정적인 사람이 진정하게 이루어내는 데에 실패한 것은 바로 주체성이다.

열정적인 사람을 특징짓는 것은 그가 대상the object을 절대적인 것으로 설정한다는 것이다. 그는, 진지한[=엄숙한] 사람처럼, 절대적 대상을 자아와 동떨어진 것이 아니라 자기의 주체성에 의해 드러나는 것으로 설정한다. 진지함[=엄숙함]과 열정 사이에는 변이가 존재한다. 처음에 진지함[=엄숙함]의 이름으로 의지된 목적은 나중에 와서는 열정의 대상이 될 수 있다. 반대로 열정적인 애착은 진지한[=엄숙한] 관계로 변해 식어 버릴 수 있다. 그러나 진짜 열정은 그것에 몰두함으로써 주체성을 역설한다. 특히 사랑의 열정에 빠진 사람은 사랑받는 이가 객관적 평가로 인해 숭배받는 것을 원치 않는다. [차라리] 그 사람은 그녀가 아무에게도 알려지지 않아 누구에게도 인정받지 못하는 존재가 되는 쪽을 더 좋아하는 것이다. 이 사랑꾼은 그녀의 진가를 밝힐 수 있는 역량이 자신에게만 허용된다고 여겨질 때, 그리고 그것이 어느 정도까지 그리될 수 있는지에 따라 그녀를 더 많이 독차지할 수 있다고 생각하기 때문이다. 이것이 바로 모든 열정이 선사하는 순수함이다. 주체성은 대상을 향한 [열정적] 운동 그 자체 안에서 긍정적인 형태로 생생하게 제 모습을 역설한다. 열정이 열정 자체를 선택하는 것을 그치는 경우는 그것이 단순한 유기체적 욕구로 퇴화될 때일 뿐이다. 그러나 열정이 생생하게 살아있는 한, 그것은 열정 그 자체를 선택한다. 왜냐하면 주체성이 열정에게 활력을 불어넣기 때문이다. 자부심은 없을지언정, 자기만족과 고집은 있다. 동시에 존재의 드러냄은 이러한 주체성을 떠맡는 것이다. 이것은 호감을 불러일으키고 흥미진진하게 만드는 대상들과 의미들을 가지고 세상에 살도록 도와준다. 하지만 아량을 갖춘 열정과 달리 흔히 편협한 광기라 일컫는 열정에 사로잡히면 자유는 순수한 모습을 발견하지 못하게 된다. 열정적인 사람은 소유하려 한다. 존재성을 획득하고자 하는 것이다. 그가 스스로 창조한 실패와 지옥은 간혹 만족스러운 것으로 묘사되기도 한다. 그는 어떤 희귀한 보물을 세상에 내놓기도 하지만 그것을 없애 버리기도 한다. 그가 지닌 고집스러운 기투

외에 세상에 존재하는 것은 아무것도 없다. 그러므로 그 무엇도 그의 선택을 수정하도록 유혹할 수는 없는 것이다. 게다가 그는 끊임없이 자기를 벗어나게 만드는 외적 대상에 자기의 전 생애를 바치기 때문에, 자기가 종속된 신세임을 비극적으로 감지하게 된다. 비록 대상은 결코 사라지지 않기는 하지만, 그것은 결코 저 자신을 내주지 않는다. 열정적인 사람은 **있을지도 모를** 존재성을 스스로 결핍시키는 것이 아니라 존재성을 있도록 만들기 위해 그렇게 한다. 그렇게 그는 [존재성과] 거리를 두고 있다. [하지만] 그는 결코 이루지 못한다.

열정적인 사람이 찬탄의 마음을 고취하기도 하지만 동시에 일종의 공포감도 불러일으키는 이유가 바로 여기에 있다. 사람들은 어떤 낯선 법칙에 자기를 굽히는 바 없이, 그리고 엄청난 광휘를 내뿜으며 단정적으로 강요되는 대상에 속박되는 바 없이 자기의 목적을 선택하는 주체성의 긍지를 경모한다. 그러나 사람들은 이러한 주체성이 스스로를 고독에 봉해 버림으로써 해악을 끼친다고도 생각한다. 이러한 자유는 [고독이라는] 유별난 세상으로 물러나 다른 사람들과의 소통을 시도하지 않기 때문에 오직 분리를 통해서만 실현된다. 여기서는 열정적인 사람과의 그 어떤 대화도, 그 어떤 관계 맺음도 불가능하다. 따라서 자유의 소통을 욕망하는 사람들의 눈으로 보자면, 그는 별스럽고 거북한 사람으로 보인다. 그는 자유 자체를 무한하게 의지하고자 하는 자유의 운동에 맞서 불투명하게 저항한다. 열정적인 사람은 타성적인 사실성에 머물지만은 않는다. 그 역시 전제자가 되는 길 위에 있다. 그는 의지란 그 누구도 아닌 오직 자신에게서 나온다는 사실을 알고 있다. 그럼에도 불구하고 그는 그것을 다른 사람에게 강요하고자 한다. 그는 얼치기 허무주의a partial nihilism를 가지고 그런 일을 하도록 정당화한다. 그에게는 열정의 대상만이 실제적이고 완전하다. 나머지는 대수롭지 않은 것이다. 배반하고, 죽이고, 폭력적으로 변하지 않을 이유가 어디에 있냔 말이다. [하지만] 사람들이 파괴하는 것은 결코 아무것도 아닌 일이 아니다. 전 우주는 사람들이 자기의 존재성을 참여시킬 만한 일을 얻는 문제를 통해서 만나게 되는 수단과 장애물의 앙상블로만 지각된다. 열정적인 사람은 자기의 자유를 사람들을 위한 것으로 의도하려 하지 않기 때문에, 사람들을 자유로운 존재로도 생각하지 않는다. 그는 사람들을 사물로 취급하는 데 주저하지 않을 것이다. 그의 열정의 대상이 [사람들이 아니라] 세상 일반에 관련된 것이라고 한다면, 이러한 횡포는 광신으로 변해 버릴 것이다. 모든 광신적인 운동에는 진지함[=엄숙함]이라는 요소가 있다. 혐오, 공포 혹은 믿음의 열정에 휩싸인 일군의 사람들이 고안해낸 가치들은 타인들을 [자유가 아니라] 주어진 사실로 인지하는 가운데 생각되고 의지된 것이다. 그러나 열정에 바탕을 두지 않는 진지한[=엄숙한] 광신주의란 존재하지 않는다. 왜냐하면 진지한[=엄숙한] 세상에 대한 모든 집착은 억눌렸던 성향과 콤플렉스가 터져 나오면서 발생하는 것이기 때문이다. 그러므로 광기 서린 열정은 그것을 [스스로] 선택한 사람에게는 파멸 선고를 의미하며, 그 이외의 다른 사람들에게는 자유로부터 멀어지게 되는 분리의 한 형식을 의미하게 된다. 이것은 투쟁뿐만 아니라 억압을 초래한다. 다른 사람들에서 멀어지고자 하는 사람은 그러한 고독을 그들에 맞서면서 얻어내지만 동시에 그는 자기를 잃어버린다.

그러나 회심은 열정 그 자체 속에서 시작될 수 있다. 열정적인 사람이 고뇌에 빠지는 까닭은 그를 대상과 떼어놓는 거리 때문이다. 그는 이것을 없애 버리려는 대신에 받아들여야 한다. 이것은 그 대상이 모습을 드러내는 것 속에 포함된 조건이다. 그리하여 각자는 쓰라린 고통 속에서, 스스로 존재성을 결핍시켜 자기를 존재성에서 이탈시키는 바로 그 쓰라린 고통 속에서 자기만의 기쁨을 발견하게 된다. 그럼으로써 마드모아젤 드 레피나스*의 편지에서처럼, 비탄은 [그 속에서의 침잠에 머물지 않

---

*쥘리 드 레피나스(Jeanne Julie Éléonore de Lespinasse 1732~1776)는 18세기 프랑스에서 저명한 살롱을 운영했던 여인들 중 한 명이다. 그녀의 살롱에는 달랑베르와 같은 당대의 지성들이 출입한 것으로 유명했다. 원래 살롱은 술집이 아니라 계몽주의 지식인들이 지성적 교류를 매개했던 사교의 장이었다. 살롱의 여주인은 지적 사교장의 주선자로서 계몽주의 문화의 발달에 영향을 끼치면서 근대 공영역의 프랑스적 유형을 만드는 데에 크게 기여했다. 레피나스는 유명 살롱의 여주인이라는 공적 역할을 탁월하게 수행했지만 늘 살롱 여주인으

고] 이러한 비탄을 떠맡는 지속적 진행 과정을 밟는다. 이 사랑꾼은 자기의 눈물과 고통에 대해 상세히 묘사했다. 하지만 그녀는 이러한 불행을 사랑한다고 단언한다. 그녀에게는 불행도 환희의 원천이다. 그녀는 자기 분리를 통해 또 다른 어떤 것으로 현상하는 타자를 좋아했다. 희생할 가치가 있는 존재로 선택한 낯선 실존은 그녀를 기쁨으로 고양시킨다. 이 타자가 어떤 타자로 드러난다는 사실은 그것이 낯설고 금지된 무엇인만큼이나 자유로운 무엇임을 의미한다. 그를 순수하게 사랑하는 것은 그의 타자성 속에 포함된 그를 사랑한다는 것이고, 그가 떠남으로써 획득한 자유 속에 거하는 것을 사랑한다는 것이다. 그때서야 사랑은 소유와 혼동을 모두 그만두게 된다. 사람들은 현재의 자기가 아닌 바로 그 존재가 되고자 존재성을 포기한다. 게다가 그러한 아량은 특정 대상을 대신해서 발휘될 수 있는 게 아니다. 사람은 완전히 독립되고 분리된 것을 사랑할 수 없다. 왜냐하면 그러한 것은 긍정적 독립성을 지니고 있지 않기 때문이다. 만일 어떤 사람이 자기가 발견한 땅을 소유하는 것보다 땅을 발견하는 것 자체를 더 좋아하고, 물질적 현존보다 그것을 그린 그림이나 조각상을 더 좋아한다면, 그런 일은 그것들이 자신에게뿐만 아니라

로서의 공적 역할과 예민한 감수성을 지닌 사적 개인으로서의 존재 사이에서 내적 갈등의 고통을 겪었다. 그녀의 편지는 이러한 내적 고통과 자기 대면하는 통로였다.

다른 사람들에게도 열려진 가능성으로서 현상하고 있기 때문에 발생한다. 열정은 우리가 목표로 삼은 특정한 존재—그것이 사물이건 사람이건 간에—를 통해서 우리의 실존을 즉자의 운명 안에 옭아매려 하지 않은 채 타인의 실존을 향해 가도록 예정해 둘 경우에만 진정한 자유로 변모한다.

그러므로 만일 실존이 그것 자체의 경계 안에만 머문다면 실존 중 그 어떤 것도 타당하게 달성되지 못한다는 점을 우리는 알게 된다. 그것[실존]은 타자의 실존을 간곡히 요청한다. 그러한 의존성은 우리를 경악하게 한다. 게다가 실존자들existants이 따로 분리된 개별separation인 동시에 다수multiplicity라는 점은 무척이나 난처한 문제를 일으킨다. 우리는 세상에 대한 참여에 불가피하게 포함된 위험과 결핍이라는 요소를 인식하고 있는 사람들이 세상으로부터 벗어나 자아를 달성하고자 한다는 점을 알고 있다. 인간은 관조를 통해 세상으로부터 자신을 분리시켜 세상에 관해 사유하고 그것을 새롭게 창조하도록 허락된 존재다. 어떤 사람들은 무한히 전개되는 시간 속에서 자기의 실존을 만들어나가는 대신, 자기의 실존을 영원성의 측면에서 주장하면서 절대적 실존의 지위를 이룩하자고 제안한다. 그럼으로써 그들은 자기가 처한 조건의 애매성을 극복하고자 한다. 그래서 많은 지성인들이 비판적으로 사유하거나 창조적으로 활동하면서 구원을 모색했던 것이다.

　우리는 모든 것이 진지한[=엄숙한] 게 될 수는 없다는 사실로 인해 진지함[=엄숙함]이 자기모순에 직면한다는 점을 살펴봤다. 진지함[=엄숙함]은 슬그머니 얼치기 허무주의로 미끄러져 들어간다. 그러나 허무주의는 변하기 쉽다. 그것은 긍정성으로 회귀하곤 한다. [이런 식의 허무주의에서 나타나는] 비판적 사유는 어디서든 진지함[=엄숙함]의 모든 측면에 맞서 훼방을 놓기는 하지만 순수 부정의 고뇌를 이행하면서 설립 작업을 하는 것은 아니다. 그것은 높고도 보편적이며 영속적인 가치와 객관적인 진리를 세운다. 그리고 이와 연관하여 비판하는 이는 자신을 독립적 정신이라며 긍정적으로 규정한다. 가치에 대한 비판이라는 부정적 운동을 긍정적 실재로 결정화하면서 그는 모든 정신에 고유하게 깃들어 있는 부정성 역시 긍정적 현존으로 결정화시킨다. 따라서 그는 자기가 현세의 모든 비판에서 벗어났다고 생각한다. 그는 고속도로와 원주민, 미국과 러시아, 생산과 자유 중 어느 하나를 선택할 필요가 없다. 그는 모든 인간적 참여 활동에서 나타나는 진리란 총체적 진리의 이름 속에서는 필연적으로 부분적인 진리일 뿐이라는 점을 알아채고, 군림하다가 마침내 거부한다. 그러나 그가 취하는 바로 저 태도의 핵심에는 애매성이 존재한다. 왜냐하면 독립적 인간은 여전히 세상의 특정 상황에 연관된 한 인간이며, 그가 객관적 진리라고 규정한 것은 자기가 고유하게 선택한 [주관적] 대상이기 때문이다.

그의 비판은 특정한 사람들로 이루어진 세상으로 빠져들어 간다. 그는 단지 [객관적으로] 기술하는 것만은 아니다. 그는 누군가의 편을 든다. 그가 판단의 주체성을 떠맡지 않는다면, 불가피하게 진지함[=엄숙함]의 덫에 사로잡힌다. [그리되면] 그는 자신이 요청한 독립적 정신 속에 거하는 대신, 그가 고무하려고 선택하지 않았던 대의^{cause}의 수치스러운 종복에 지나지 않게 된다.

예술가와 작가는 또 다른 방식으로 실존을 극복하도록 스스로 강요한다. 그들은 절대자로서의 실존을 실현시키고자 한다. 그들의 노력을 순수하게 만드는 것은 그들이 존재성을 달성하고자 작정하지 않는다는 점에 있다. 그렇게 함으로써 그들은 자기네를 일개 기술자나 열광자와 구분한다. 이것이 바로 그들이 콕 집어 찾아내 영원한 것으로 만들려는 실존이다. 그것이 부재하는 한 [예술가 등이 행한] 말, 붓질 그리고 대리석 조각은 [그것을 대신하여] 대상으로 나타내 보여준다. 오직 예술 작업 속에서만 존재성의 결핍이 긍정적인 것으로 회귀한다. 시간은 멈춰 버리고, 또렷한 모양과 완성된 의미가 발생한다. 이러한 회귀 과정 속에서, 실존은 확인되며 자기만의 고유한 정당화를 확립한다. 이것이 칸트가 예술을 "목적 없는 합목적성"이라고 규정하였을 때 말하였던 내용이다. 예술가가 절대적 대상을 세운다는 사실 때문에 [작품의] 창조자는 자신을 절대자로 간주하고자 하는 유혹에 빠진다. 그는 세계를 정당화시켰고, 따라서 그는 자신을 정당화할 수 있는 누군가는 필요로 하지 않는다고 생각한다. 만일 예술가가 자신의 존재를 완성해냈다고 자부함으로써 그의 작업을 하나의 우상으로 만들어 버린다면, 그는 자신을 진지함[=엄숙함]의 우주 속에 가둬 버리게 될 것이다. 그는 헤겔이 "지성적 동물들"로 이루어진 종이라고 묘사하면서 폭로한 환상에 빠져들고 있기 때문이다.

인간이 이 세상에서 벗어날 길이란 없다. 우리가 방금 지적했던 위험을 회피하려면 그는 바로 이 세상 안에서 자아를 도덕적으로 구현해야만 한다. 자유는 그것이 확립하는 가치의 내용을 통해 형성된 고유한 현실을 향해 기투해야 한다. 목적은 그것을 확립하는, 그리고 이러한 목적을 거쳐 그 자체로 의지되는 자유로 회귀함으로써만 타당한 것이 된다. 그러나 이 의지는 자유가 어떤 목적 속에 압도당하지 않아야 한다는 점을 함축한다. 그렇지만 그것은 목표를 겨냥하는 바 없이 헛되이 사라지지도 말아야 한다. 주체에게 필요한 것은 존재하는 것을 추구하는 것이 아니라 세상에 존재해야만 함을 욕망해야만 한다는 것이다. 자기를 자유롭게 만들려고 의지하는 것과 세상에 존재해야만 함을 의지하는 것은 동일한 선택이다. 그러한 선택은 인간으로 하여금 세상 속에 제 스스로 현존하는 존재가 되게끔 만든다. 자유인은 존재하고 있음being을 욕망하기 위해 자유를 원하는 것도 아니며, 자유를 가지고 존재하고 있음을 드러내고자 하는 것도 아니라고 할 수 있다. 이와 같은 것들은 단일한 현실의 두 측면이다. 그리고 둘 중 어느 것이 고려 사항이 되든 간에 이 둘 모두는 각 개인이 다른 모든 이들과 단단히 결속되어있다는 사실을 함축한다.

이러한 결속은 직접적으로 모든 이에게 보이는 게 아니다. 젊은이는 스스로를 자유롭게 만들고자 의지한다. 그는 세상에 존재해야만 함을 의지한다. 자기를 세상 속에 열정적으로 내던지는 이 자발적 도량liberality은 흔히 에고이즘이라고 하는 것과 같은 것으로 간주될 수 있다. 젊은이는 타인을 자기의 적으로 인지하는 경우가 잦다. 조르주 바타유Georges Bataille는 『내면의 경험 L'Expérience intérieure』 서문에서 각 개인은 [자기만이] 전부All가 되기를 원한다는 점을 힘주어 강조하였다. 그는 모든 타인을, 나아가 특히 최상의 걸출함과 한계치와 자기에 대한 비난 등을 가지고 자기의 실존을 역설하는 사람들을 적으로 보고 있다. 헤겔은 "각자의 의식은 타자의 죽음을 추구한다"고 말했다. 사실 모든 면에서 타인들은 나에게서 전 세상을 강탈해가고 있다. 최초의 움직임은 그런 그들을 증오하는 것이다. 그러나 이러한 증오는 어리석은 것이다. 이 욕망은 곧바로 자기에 맞선 싸움으로 변해버린다. 만일 내가 정말로 전부라면 나를 제외한 모든 것은 아무것도 아닌 게 될 것이고, 급기야 세상은 텅 비게 될 것이다. 소유할 것이라고는 아무것도 없을 것이며, 나 자신도 무가 될 것이다. 만일 젊은이가 분별이 있다면, 내가 세상을 빼앗겨야 타인이 그것을 내게 선사하게 된다는 사실을 곧바로 이해하게 될 것이다. 왜냐하면 사물이란 것은 내가 그것을 빼앗기는 과정을 거쳐야만 내게 주어지는 것이기 때문이다. 세상에 존재해야만 함을 의지하는 것이란 세상에 인간적 의미를 부여하는 사람들에 의해서 그리고 그런 사람들을 위해서 존재해야만 한다는 것을 의지하는 것이기도 하다. 우리는 오직 다른 사람들에 의해 드러나게 된 세상을 근거로 하여 세상을 드러내 보일 수 있다. 타인의 기투에 의한 간섭을 받지 않고서는 그 어떤 기투도 규정될 수 없다. 존재함을 '존재하게' 만드는 것이란 존재함을 가지고 타인과 소통하는 것이다.

자유란 열린 미래를 겨냥하지 않고서는 의지할 수 없는 것이라고 말할 때, 진리는 또 다른 모습으로 발견된다. 그 자체로 주어진 목적은 그 어떤 성찰을 하더라도 틀림없이 [자아의 한계를] 넘어설 수 없다. 반면에 오직 다른 사람들의 자유만이 우리 인생을 넘어서 타인의 인생으로 확장될 수 있다. 나는 모든 인간이 다른 사람들의 자유를 필요로 하며, 비록 그가 폭군이 된다손 치더라도 어떤 의미에서는 폭군도 항상 타인들의 자유를 바란다는 점을『모든 사람은 혼자다 Pyrrhus et Cinéas』에서 보여주고자 했다. 폭군이 실패하고 마는 유일한 일은 그러한 소망의 귀결들을 진심으로 떠맡아야만 한다는 사실이다. 타인들의 자유만이 우리 각자가 사실성의 부조리함 때문에 경직되지 않도록 막아준다.

그리고 우리가 그리스도교적 창조 신화를 믿을 수 있다면, 하느님 자신은 바로 이 지점에서 실존주의 교설에 동의했을 것이다. 왜냐하면, 어느 반파시스트 사제의 말대로, "하느님은 당신께서 자유로운 존재로 창조하신 사람을 그렇게 존중했"기 때문이다.

그러므로 실존주의를 가지고 유아론을 만들고자 시도하면서 니체처럼 공허한 권력에의 의지로 고양시키려던 사람들은 어느 정도는 실수하는 것이거나 거짓말을 꾸며댄다고까지 볼 수 있다. 오인된 정도만큼이나 널리 퍼진 이러한 해석에 의하면, 개인은 자아를 인식하는 동시에 자신을 자기만의 고유한 가치의 창조자로 선택하고 있기 때문에, 개인은 그러한 가치를 타자에게 강요하려 할 것이라고 한다. 그 결과 고독한 자아 속에 단단히 봉해진 채 대립하던 의지들의 갈등이 발생할 것이라고 한다. 그러나 이와 반대로 우리는 방금 말한 폭정과 갈등에 이르기까지 열정, 긍지 그리고 모험 정신이 어느 정도나 발휘되는가에 따라 실존주의 윤리학이 그것들[즉 열정, 긍지 그리고 모험 정신]을 나무랄 수 있게 된다는 점을 앞에서 이미 보여주었다. 실존주의 윤리학은 추상적 법칙의 이름으로 그렇게 하는 게[=열정, 긍지, 모험 정신 등을 나무라는 게] 아니다. 모든 기투가 주체성에서 나오는 게 참이라면, 이 주관적 운동이 스스로 주체성의 극복을 확립된다는 것도 참이라는 이유에서 그렇게 한다. 인간은 다른 사람들의 실존 안에서만 자기만의 고유한 실존의 정당화를 찾을 수 있다. 이제 그는 그러한 정당화를 필요로 한다. 이를 모면할 길은 없다. 도덕적 불안은 외부에서 오지 않는다. 그는 '무엇이 유용한 것인가?'라는 불안한 물음을 자기 내부에서 발견한다. 더 좋게는 그 자신이 이러한 집요한 추궁이 된다. 그는 자아를 내팽개치고 내뺌으로써만 이 질문에서 달아날 수 있다. 그리고 존재하는 즉시 그는 이 질문에 답하게 된다. 그는 **자아를 대면함으로써** 도덕적이게 된다고, 그리고 그러한 태도는 자아중심주의적egotistical이라고 말할 수 있을지도 모르겠다. 그러나 [기존의] 자아를 파괴하는 이러한 문책이 퍼부어질 수 없다면 그 어떤 윤리학도 존재하지 못한다. 나의 관심사가 되지 않는 일에 대해 내가 어떻게 염려할 수 있겠는가 말이다. 내가 타인들을 나의 관심사로 여기고 염려해야, 그들도 나를 자기들의 관심사로 여기며 염려해 줄 것이다. 우리는 바로 여기에서 환원 불가능한 진리를 갖게 된다. 나와 타인들 사이의 관계 맺음은 주체와 객체 간의 관계 맺음만큼이나 분리될 수 없다.

이와 동시에 종종 실존주의를 겨냥하던 또 다른 공격, 즉 실존주의는 형식적 교설일 뿐이며, 그것이 종사하고자 하는 자유[개념]에 그 어떤 내용도 제안하지 못한다는 식의 공격 역시 무너진다. 자신을 자유로운 존재가 되도록 의지하는 것은 타인들을 자유로운 존재가 되도록 의지하는 것이기도 하다. 이러한 의지는 일개 추상적 정식이 아니다. 그것은 각자가 달성해야만 하는 구체적 행위를 가리키고 있다. 그러나 타인들은 서로 떨어져 있으며, 심지어 서로 대립하고 있기도 하다. 그래서 선의지를 지닌 사람은 타인들과 관련을 맺음으로써 발생하는 구체적이고도 어려운 문제들을 보려고 할 것이다. 바로 이것이 우리가 이제 검토하고자 하는 도덕성의 긍정적 측면이다.

Ⅲ 애매성의 긍정적 측면

1. 미학적 태도

그러므로 모든 사람은 다른 사람들과 관련된다. 그 자신이 관계를 맺으면서 참여하고 있는 세상은 각각의 대상에 인간적 의미들이 깊이 스며든 인간다운 세상이다. 이것은 간청과 호소에 의해 발생하는 말하기의 세상이다. 이것이 의미하는 바는 각 개별자들은 이 세상을 통해서 자기의 자유에 구체적 내용을 부여할 수 있다는 것이다. 그는 세상을 한층 더 드러내기 위해, 그리고 사람들을 자유롭게 만들고자 [그들과] 동일한 운동을 전개함으로써, 또한 그에 의해 세상이 새로운 의미를 지니도록 세상을 열어내야만 하는 것이다. 그러나 우리는 여기서 개인 윤리학의 추상적 국면을 검토했을 때 이미 대면했던 동일한 반대의견을 다시 발견하게 될 것이다. 만일 모든 사람이 자유롭게 **존재한다면**, 그는 자신을 자유롭게 만들고자 **의지하지** 못한다는 것 말이다.

타인은 모든 상황에서 자유로운 상태이기 때문에 이러한 반대 의견이 제기될 것이기는 하지만 그와 더불어 거짓 신념 역시 아무것도 아닐 수 있다. 즉, 사람들은 언제나 존재성을 드러낸다. 태평양의 푸른 섬에서뿐만 아니라 부헨발트에서도 그러했고, 궁전에서뿐만 아니라 돼지우리에서도 그러했다. 세상에서는, 그리고 저 멀리 계속 존재를 유지하려고 전개되는 운동의 와중에서는 항상 무언가가 발생한다. 사람들은 이 이채로운 전환[의 사건]을 그저 자기와 동떨어진 기쁨으로 치부할 수 있을까? 아니면 그 속에서 행위의 이유들을 발견할 수 있을까? 이렇다 할 만하게 낫거나 그보다 못한 해답은 없다.

우리는 이것을 미학적인 태도라고 말할 수 있을 것이다. 왜냐하면 이런 태도를 취하는 사람은 세상과 동떨어져서 관조하는 식의 관계 외에는 세상과 그 어떤 관계도 맺으려 하지 않기 때문이다. 그는 시대와 사람들로부터 멀리 떨어져 역사와 대면하고, 세상에 속하지 않고 그것을 순수하게 바라보는 식의 사유에 몰두한다. 인격성이 없는 이러한 입장은 모든 사태를 동일화시켜 버린다. 그것은 모든 사태의 차이성을 오직 무심함에서 파악한다. 모든 선호를 제거해 버리는 것이다.

그러므로 역사의 산물을 사랑하는 이는 아테네, 로마 그리고 비잔티움의 탄생과 몰락에 대해 관조와 같은 고요한 열정으로 임한다. 관광객은 차분한 호기심을 가지고 콜로세움의 경기장, 시라쿠사의 라티푼디움, 온천탕, 궁전, 사원, 감옥 그리고 교회를 완상한다. 이와 같은 사물들은 그저 존재했던 것일 뿐이며, 그것만으로도 그를 만족시키기에는 충분하다. [과거에 존재했던 것뿐만 아니라] 오늘에 존재하는 것들에 대해서도 이처럼 치우침 없는 관심을 가지고 완상하지 못할 게 무어란 말인가? 마술적이자 현혹적인 과거의 무게에 짓눌리고 있는 수많은 이탈리아인들 가운데 누군가는 저런 유혹을 느낄 것이다. 그들에게 현재는 이미 미래에도 계속될 과거future past와 같은 것이다. 전쟁, 도시 간 분쟁, 침략과 예속은 그들의 나라에서 면면히 이어져 왔다. 그러한 고통스러운 역사의 순간들은 다음의 사실과 대립한다. 즉 이 같은 무익한 격동에도 불구하고 수 세기에 걸쳐 손상되지 않고 남아 오늘날의 사람들을 여전히 매혹시키고 있는 돔 건물, 조각상, 돈을새김 기술, 그림, 궁전이 생길 수 있었다는 것이다. 우리는 피렌체의 어떤 지식인이 그의 조국을 고무시켜 잔뜩 끓어오르다가 수 세기의 격동들이 그러했듯이 이내 사그라지고 말 것인 저 위대하면서도 불안정한 운동들에 관해 회의적인 태도를 취할 것이라고 상상해볼 수 있다. 그의 견해에 따르면, 저 소중한 업적들은 불멸의 아름다움을 이룩하는 쪽으로 나아가는 데 있어 단지 일시적으로 발생한 사건으로 이해되어야만 한다는 것이다. 1940년과 그 이듬해에 수많은 프랑스인들이 역시 이런 식의 사고방식에서 위안거리를 찾아냈다. 그들은 독일인들이 파리에 입성했다는 사실에 대해 "[장대한] 역사의 관점을 취하려고 노력하자"고 말하였다. 그래서 어떤 지식인들은 점령 기간 동안 "싸움에 대해서는 냉정함을 유지한 채", 그들에게는 아무런 영향도 미치지 못하는, 우발적 사실들을 불편부당한 관점에서 숙고하고자 했다.

그러나 우리는 이러한 태도가 의기소침해지고 당혹스러워하는 순간에 나타나는 것이라는 점을 일단 명심하여야 한다. 사실 이것은 현재적 진실로부터 물러나 도망치는 태도이다. 과거에 집착할수록 이러한 절충주의eclecticism는 정당해진다. 우리의 삶은 더 이상 아테네, 스파르타 혹은 알렉산드리아에 관련된 생의 조건 속에 있지 않고, 선택이라는 관념은 아무런 의미를 지니지 못한다는 것이다. 그러나 현재는 잠재적 과거가 아니다. 그것은 선택과 행위의 순간이다. 우리는 기투를 통해 그런 순간을 살리지 않을 수가 없다. 우리는 언제나 무언가를 향해, 그리고 미래를 향해 자신을 기투하므로 순수하게 관조적인 기투란 존재하지 않는다. 자신을 '바깥으로' 내던지는 것은 여전히 내면적 존재로서의 불가피한 사실성을 살리는 한 방법이다. 역사와 시와 예술의 이름으로 시대의 드라마를 넘어보려 했던 점령기 프랑스 지식인들은 좋든 싫든 어쩔 수 없이 그 드라마의 행위자가 되어야 했다. 거의 확실하게도 그들은 독일 점령군의 노리개가 되어버렸다. 피렌체 지방의 대리석과 청동 작품들을 어루만지는 데 정신을 놓아 버린 이탈리아의 유미주의자와 마찬가지로 점령기 프랑스 지식인은 무기력한 타성을 가지고 자기 나라에서의 정치적 역할을 수행하였다. [그런 까닭에] 모든 것이 관조의 대상일 수 있다고 역설함으로써 이 모든 행태를 정당화하는 것은 불가능하다. 인간은 결코 관조하지 않기 때문이다. 그런데도 저 유미주의자는 그렇게 해 버린다.

예술가와 작가에게는 이 문제가 특히 통렬하게, 동시에 다의적 방식으로 제기된다. 그런데 우리들은 인간의 [존재] 상황에 대한 무심함의 태도를 순수 관조의 이름으로가 아니라 특정하게 한정된 기투의 이름으로 세운다. 창작자는 작품의 핵심을 이루고 있는 것을 정당화된 주제로 삼으면서 그것을 예술 작품에 기투한다. 따라서 어떤 주제라도 허용될 수 있다. 가장무도회뿐만 아니라 대학살조차도 말이다. 이러한 미학적 정당화는 때때로 너무나 충격적이어서 작가의 목적을 저버리게 만들기도 한다. 아동의 노동력을 착취하는 작업장이 자아내는 공포에 대하여 소통하고자 하는 작가를 예로 들어보자. 그가 너무나 매혹적인 이야기, 문체, 심상을 갖춘 참으로 아름다운 책을 지어내는 바람에 그 책을 읽는 우리는 노동 착취를 일삼는 작업장에 대한 공포를 망각해 버리거나 심지어 그러한 공포에 탄복하며 황홀하게 바라보게 된다. 이런 우리가 과연 죽음, 참상 그리고 불의마저도 즐거움으로 변모될 수 있다고, 죽음을 맞이하고 참상에 처하며 불의해지는 게 악은 아니라고 여기지 않을 방도가 과연 있겠는가?

그러나 여기서도 우리는 현재와 과거를 혼동해서는 안 된다. 과거와 관련해서는 그 어떤 행위도 가능하지 않다. 전쟁, 역병, 스캔들, 반역은 과거부터 지금까지 계속 발생해왔다. 이러한 일들이 일어나지 않도록 제지할 방법이란 아무 데도 없다. 집행자는 집행자가 되었고, 희생자는 우리가 없는 가운데 희생자로서의 자기 운명을 감수하였다. 우리가 할 수 있는 일이라고는 이런 비극을 폭로하고, 그것을 인류의 유산이 되도록 만들며, 비극적 결말이 풍겨내는 미학적 실존의 거들먹거림에 대고 이 비극성을 고발하는 것이 전부다. 그러나 이러한 역사는 차라리 일어나야만 하는 것이라고 할 수 있겠다. 이 역사가 차라리 하나의 형식으로서 우리에게 제공된다는 이유에서만 스캔들, 폭동, 범죄 혹은 희생물로서 존재하게 되고, 그런 후에야 우리는 거기에서 구원받고자 노력할 수 있게 된다. 오늘 역시 고유한 실존 속에서 확인되기 이전에 이미 존재하고 있음에 틀림없다. 만일 오늘이 모든 것이 이미 정당화되어있고, 이점을 부정할 여지는 더 이상 없다는 식으로 예정된 것이라고 해보자. 그렇게 되면 오늘에 대해 [새로운 어떤 것을] 말할 수 있는 것 역시 아무것도 없게 될 것이다. 왜냐하면 그런 상태에서는 [오늘의] 어떤 형상도 만들어낼 수 없을 테니 말이다. 하지만 그것[오늘]은 오직 거부, 욕망, 미움 그리고 사랑을 통해서만 드러나게 된다. 예술가가 표현할 어떤 세계를 지닐 수 있으려면 그는 우선 그런 세상의 [특정한] 상황 속에 처해 있어야 하며, 억압받는 쪽이든 억압하는 쪽이든 자리에서 쫓겨나는 쪽이든 반역을 일삼는 쪽이든 사람들 사이에 처해 있어야 한다. 공교롭게도 그는 자기의 고유한 실존의 한가운데에서 모든 사람들에게 공통적인 긴급한 요구를 발견한다. 그는 우선 자기 안에서 그리고 동시에 보편적 차원에서 자유로워지도록 의지해야만 한다. 그는 그것을 정복하기 위해 노력해야만 한다. 이러한 기투에 비추어 상황들의 순위가 매겨지며 행위의 이유가 분명히 밝혀지는 것이다.

2. 자유와 해방

실존주의를 비난하는 주된 반박 중 하나는 '자유를 의지하게 하는' 지침이 공허하기만 하여, 행위를 위한 구체적 내용을 제공해주지 못한다는 점을 들 수 있다. 그러나 이러한 비난은 자유라는 말에서 그것이 지닌 구체적 의미를 비워냈기 때문에 일어난다. 우리는 이미 앞에서 자유란 오직 세상 속에 참여하는 경우에만 실현된다는 점을 보여줬다. 그러한 한 자유를 지향하는 인간의 기투는 그의 구체적인 행위 속에서 구체화된다.

　자유를 의지하는 것과 존재함을 드러내고자 의지하는 것은 동일한 선택이다. 그러므로 자유는 존재에서 실존으로의 항상적 극복 운동을 야기하는 긍정적이고도 건설적인 단계를 밟아간다. 과학, 기술공학, 예술 그리고 철학은 존재함을 넘어 실존에 이르는 무한한 극복이다. 이것은 그것들[과학 등등]이 자기만의 것들을 진실하게 떠맡음으로써 이르게 된 것이다. 언어의 진보는 이런 전제 하에서 진정한 의미를 얻는다. 언어의 진보는 절대지나 인간의 행복 혹은 완전한 미와 같은 고정된 한계점에 접근하는 문제가 아니다. 그렇게 되면 인간의 모든 노력은 수포로 돌아가고 만다. 한 발짝씩 앞으로 나아갈수록 지평선은 한 걸음 멀어지기 때문이다. 인간에게 이것은 자신의 실존을 확장시키는 문제이자 절대적인 것에 다가가려고 기울였던 바로 저 노력[에서의 잘못]을 만회하는 문제이다.

과학은 진지함[=엄숙함]의 열병에 빠져서 존재를 얻고자 열망하다가, 그것을 손에 넣어 제 것으로 만들고자 할 때 실패선고를 받는다. 그러나 과학이 이미 주어진 것 속에서 매번 [새로운] 발견을 목표로 삼는 자유로운 사유의 몰두로 간주된다면, 그리고 그 발견이 사물적인 것과 융해되는 것이 아니라 새로운 발견의 가능성으로 삼는다면, 과학은 고유한 진리를 발견하게 된다. 그리하여 이런 정신이 기투한 것이 자유의 구체적 성과가 된다. 이러한 시도는 때때로 과학을 기술공학에 응용함으로써 객관적으로 정당화시키는 방법을 알려준다. 그러나 보통 수학자는 수학에 열중하고, 물리학자는 물리학에 관심을 둘 뿐 그것의 응용에는 무관심하다. 나아가 기술공학 그 자체는 객관적으로 정당화되지 못한다. 만일 그것이 안락과 사치를 실현시킬 수 있는 시간과 노동의 절약을 절대적 목표로 설정한다면, 그것은 무용하고 터무니없는 게 될 것이다. 왜냐하면 사람들이 얻어낸 그런 시간은 창고에 쌓아둘 수 있는 게 아니기 때문이다. 이러한 시도는 실존을 얻고자 하는 것과 대립한다. 사실 실존은 시간을 투여함으로써만 존재하게 된다. 비행기, 기계, 전화, 라디오가 지금 사람들을 옛날 사람들보다 행복하게 만들지는 못했다는 사실은 이를 잘 보여준다. 하지만 이것은 사실 사람들에게 [더 많은 양의] 시간과 행복을 제공하는 문제도 아니고, 삶의 운동을 멈추게 하는 문제도 아니다. 이것은 삶을 충만하게 하는 문제다. 만일 기술공학이 실존의 핵심에 놓인 저 결핍을 벌충하려고 시도할 경우 그것은 빠르게 실패할 것이다. 실존은 안정적으로 존재하는 것에 대한 소망과는 거리가 멀다. 그것은 앞을 향해 헤쳐 나가는 것 자체를 위해 제 스스로 전진을 수행하는 일이다. 그러나 만일 우리가 실존을 기술공학을 통해 얻는 것을 허용한다면, 기술공학이 사물을 [실존을 위한] 하나의 도구로 변형시킴으로써 존재함을 무한히 드러내는 것을, 그리고 인간의 가능성을 새로 여는 것을 목표로 삼고 있다면, 기술공학은 모든 비판을 모면하게 될 것이다. 예술에 관해 살펴보자면, 우리는 이미 예술이 우상을 세우려고 하지 말아야 한다고 말한 바 있다. 예술은 존재하는 것의 이유로서 실존을 드러내야만 한다. 이것이 바로 인간을 지상에서 떼어놓아 이데아라는 천상에 배정하고자 했던 플라톤이 시인을 규탄한 진정한 이유다. 다시 말해 이것이야말로 모든 인본주의가 시인에게 월계관을 씌우는 이유가 되는 것이다. 예술은 일시적인 것이 절대적인 것임을 폭로한다. 나아가 일시적 실존이 수 세기에 걸쳐 영구적으로 계속되는 것처럼, 예술도 수 세기에 걸쳐 이러한 결코 끝나지 않는 폭로하기를 틀림없이 지속해 나간다. 따라서 인간의 건설적인 행위들이 타당한 의미를 지니는 경우는 오직 자유를 향한 운동을 떠맡을 때일 뿐이다. 그리고 이에 상응하여 사람들은 그러한 운동이 구체적인 것이라고 여긴다. 즉 그러한 운동이 발견물, 발명품, 산업, 문화, 그림, 책 등으로 구체화되며, 그리하여 그것들은 사람들에게 수많은 구체적 가능성으로 열리게 된다.

미래에 대해 꿈꾸는 것은 아마도 이와 같은 자유로움을 제 스스로 펼쳐 나가는 것이 자신의 자유를 가장 잘 사용하는 것이라는 점을 사람들이 깨닫게 될 때 허용될 수 있을 것이다. 건설적인 활동성은 모두를 위해 가능한 것이 될 것이다. 각자는 자기 기투를 통해 긍정적으로 자기만의 미래를 목표로 삼을 수 있게 될 것이다. 그러나 오늘날에는 사실 오직 부정적인 행위만으로 자기의 삶을 정당화하는 사람들이 존재한다. 우리가 이미 살펴본 바와 같이 모든 사람은 자기 자신을 초월한다. 그러나 이러한 초월은 목표점과 단절돼서 어쩔 수 없이 제 자신에게 의존하도록 선고될 때 비로소 발생한다. 이것이 바로 억압이라는 상황을 규정하는 것이다. 그러한 상황은 결코 자연적인 것[그래서 당연히 감수해야 하는 것]이 아니다. 인간은 결코 사물들로 인해 억압당하지 않는다. 인간은 바위에다 주먹을 내지르는 무지한 아이가 아니다. 인간은 바다를 이겨보라고 명하는 미치광이 왕자가 아니다. 인간은 어떤 경우에서든 사물들에 대항해서가 아니라 다른 사람들에 맞서 저항한다. 사물들에 맞서는 것은 인간의 행위를 그저 공기에 맞서 날고 있는 비둘기의 그것에 지나지 않게 만든다. 저항을 통해 자기를 기투함으로써, 인간은 장애물이 존재함을 받아들인다. 그는 자기의 자유가 부정당하고 있다는 사실을 보지 않으면서 실패의 위험을 떠맡는다. 탐험가는 자기가 목표로 삼은 것에 이르기도 전에 물러나게 될지도 모른다는 것을 알고 있다. 과학자에게는 어떤 현상이 파악되지 않는 모호한 것으로 남게 되며, 기술공학에게는 자기의 시도가 실패를 입증하는 일이 될지도 모르는 것이다. 그러나 이러한 후퇴와 오류는 세계를 드러내는 또 다른 방법이다. 확실히 물리적 장애가 사업 과정을 지독하게 방해할 수도 있다. 홍수, 지진, 메뚜기떼, 전염병, 역병 등이 재앙일 수는 있다. 여기서 우리는 스토아주의의 다음과 같은 진리 중 하나를 얻게 된다. 그것은 절대적으로 필요한 것은 이러한 불운조차도 떠맡는 것이며, 인간은 어떤 것을 위해서라도 자기를 저버려서는 안 되기 때문에, 사물의 붕괴는 그것이 무엇이든지 간에 인간을 뿌리까지 파괴하지는 못한다는 가르침이다. 또한 인간이 필멸하는 존재인 한 죽음마저도 나쁜 것은 아니며, 그는 죽음을 생명의 자연적 한계로서 매 순간 겪게 되는 위험만큼이나 당연하게 생각해야 한다는 진리가 그것이다. 오직 인간만이 인간에 대한 적일 수 있다. 오직 인간만이 자기 행위의 의미와 자기 삶의 의미를 앗아갈 수 있다. 이러한 의미를 실존을 통해서 확인하고, 실제 사실 속에서 자유로 간주하는 것은 오직 자신에게만 속한 일이기 때문이다. 그렇지만 '우리가 좌우할 수 없는 일들'과 '우리가 좌우할 수 있는 일'을 구분하는 스토아주의적 사고로는 부족하다는 점이 바로 여기서 입증된다. 왜냐하면 '우리'란 여럿이 모인 것이지 각자가 아니며, 각자는 다른 이들에게 의존해 있고, 다른 사람들로 인해 내게 일어난 일의 의미를 부여하는 문제는 나에게 달린 일이기 때문이다. 사람은 지진에 굴하는 식으로 전쟁이나 점령에 굴하지 않는다. 사람은 누군가의 편을 들거나 그에 맞설 수밖에 없다. 그렇게 해서 외부의 낯선 의지가 친숙한 것이 되거나 적대적인 것이 된다. 왜 억압이 가능하고 왜 그것을 미워하게 되는지에 대한 해명은 바로 이러한 상호의존에 있다. 우리가 살펴본 바와 같이, 나의 자유는 그것의 충족을 위해 열린 미래를 향해서 발생해야만 한다.

나에게 그런 미래를 열어주는 사람은 다른 사람들이며, 그들이 바로 내일의 세상을 설립하면서 나의 미래를 규정해주는 사람들이다. 그러나 만일 다른 사람들이 나 자신으로 하여금 이러한 건설적인 운동에 참여하도록 만드는 대신에 나의 초월의 노력을 헛되게 소비하게 만든다면, 그리고 만일 그들이 이미 정복해 버린 수준에 나를 묶어 두면서, 새로운 정복이 곧 이루어질 것이고 그리하여 그들이 나를 미래와 단절시킬 것이라는 점에 근거하여 나를 방해한다면, 그들은 나를 일개 사물로 변하게 만드는 것이다. 인생은 그것의 영속을 위해 몰두하기도 하지만 그것을 넘어서는 일에 몰두하기도 한다. 만일 전 생애를 제 자신을 유지하는 데에 바친다면 삶은 그저 죽지 않는 일이 될 뿐이며, 인간다운 실존이란 것은 부조리한 무위도식이나 다름없는 일이 되고 만다. 인생은 자기를 영속화시키는 노력을 자기 극복의 한 부분으로 통합해낼 경우에만, 그리고 이러한 극복이 그 누구도 아니라 오직 주체 스스로 배정한 한계를 넘어서는 일에 다름 아닌 경우에만 정당화된다. 억압은 세상을 두 종족으로 나눈다. 하나는 제 스스로 앞을 향해 헤쳐나감으로써 인류를 계몽하는 사람들이고, 다른 하나는 아무것도 희망하는 바 없이 집단을 지지하느라 세월을 보내도록 선고된 사람들이다. 이들의 삶은 기계적 운동의 반복에 불과하다. 그들에게 여가시간이란 그저 힘을 재충전하는 데 족한 것이면 그만일 뿐이다. 억압하는 이는 저들의 초월 활동을 먹이로 삼아 자신을 길러낸다. 그리고 자유의 인정을 통해 이루어지는 저들의 초월이 확산되는 것을 막아 버린다. 억압당하는 사람은 이에 대해 단 한 가지의 해결책만 갖고 있다. 그것은 [억압당하던] 그를 제거하려는 인류의 화합을 거부하는 것이자, [억압당하던] 그가 한 인간임을, 그리고 폭군들에 맞서 봉기함으로써 그가 자유로운 존재임을 증명하는 것이다. 이러한 봉기를 방해하기 위해 동원되는 억압의 모략 중 하나는 억압을 자연스러운 상황이라고 위장하는 것이다. 궁극적으로 사람은 자연에 맞서 봉기할 수는 없기 때문이다. 보수주의자는 프롤레타리아 계급이 억압받지 않고 있음을 보여주고 싶어 할 것이다. 그 경우 그는 현재 이루어지고 있는 부의 분배가 자연스러운 사실이라고 말하면서, 그러한 분배를 거부할 방도란 존재하지 않는다고 강변할 것이다. 엄밀히 말하자면 그는 노동자에게서 노동의 산물을 강탈하지 않은 게 분명하다. 왜냐하면 도둑질이라는 단어는 이런 종류의 착취와는 관련되지 않는 일에만 사용하기로 관례화되었기 때문이다. 그러나 단어 그 자체로 보자면 혁명이라는 말은 현존하는 체제가 [자연적 사실이 아니라] 인간적 사실이라는 점을 함의한다. 그렇게[혁명이라는 봉기와 저항의 방식으로] 그것[현존 체제]은 거부되어야 한다. 이러한 거부는 자기만의 의지를 밀어붙이며 미래를 지향하던 압제자의 의지를 결국 단념하게 만들 것이다. 그리하여 또 다른 미래, 즉 혁명의 미래가 이를 대신한다. 투쟁은 말과 이데올로기로 그치는 것이 아니다. 투쟁은 현실적이고 구체적인 것이다. 만일 [전자, 즉 말과 이데올로기의 투쟁이 아니라] 후자[즉, 현실적이고 구체적인 투쟁]이 승리하는 그런 미래가 존재한다면, 억압당한 사람은 긍정적이고도 개방된 자유로서 구현되며, 압제자는 일개 장애물이나 사물이 된다.

그러므로 주어진 것을 극복하는 두 가지 방법이 존재한다. 이것은 여행을 떠난다거나 감옥을 탈출하는 방법과 같은 게 아니다. 이 두 가지 방법에서 주어진 것은 극복 과정 속에 현존한다. 그러나 한 경우에서는 주어진 것이 수용되는 한에서 현존하게 되지만, 다른 경우에서는 그것이 거부되는 한에서 현존하게 된다. 이것이 이 둘을 근본적으로 다르게 만든다. 헤겔은 이 두 운동을 "지양aufheben"이라는 애매한 용어를 써서 이 둘의 운동[= 긍정의 운동과 부정의 운동]을 뒤죽박죽 섞어 버렸다. 실패와 죽음을 부정하는 낙관주의의 전 구조는 이러한 애매성을 바탕으로 하고 있다. 이러한 낙관주의는 세상의 미래를 연속적이고 조화로운 발전으로 간주하게 만든다. 이렇게 뒤섞인 상태가 [발전의] 원인이자 결과라는 것이다. 이것이 바로 마르크스가 헤겔을 공격한 전형적인 문제점이다. 마르크스는 헤겔을 현실의 고통에 맞세우면서 그의 철학이 관념적이고 장황한 무기력에 빠져 있다고 비판했다. 봉기는 세상의 조화로운 발전을 이루는 한 요소로 통합되지 않는다. 봉기는 통합을 희망하는 것이 아니라 오히려 세상의 심장을 날려 버려서 그것의 지속을 박살 내기를 희망한다. 마르크스가 프롤레타리아 계급의 태도를 긍정성의 차원에서가 아니라 부정성의 차원에서 규명했다고 한다면, 그것은 결코 우연이 아닐 것이다. 그는 프롤레타리아 계급의 태도가 [물적 토대 없이] 자체적으로 확인되는 것, 혹은 단순히 계급 없는 사회를 실현시키고자 노력하는 것이 아니라 오히려 애초부터 계급으로서의 자기를 끝장내려는 시도라는 것을 보여주었다. 작금의 상황이란 제거되어야만 한다는 부정의 태도 외에 중요한 문제로 부각되는 것은 아무것도 없는 까닭에 그러한 것이다.

모든 사람들, 그러니까 억압당하는 사람이나 압제자 모두 이러한 제거에 관심을 갖는다. 마르크스 자신이 말한 것처럼 우리는 저마다를 위해 모든 이들을 자유롭게 할 필요가 있기 때문이다. [그런데] 세상에는 노예가 자기의 예속 상태를 알지 못하는 경우와 해방의 씨앗을 자기가 아닌 외부에서 가져올 필요가 있는 경우가 존재한다. 노예의 굴종이 노예에게 강요되는 압제를 정당화시키는 데에 충분한 것은 아니다. 노예가 예속적이게 되는 경우는 노예적 존재 상황이 인간에 의해서가 아니라 자연, 신, 반역하는 것이 아무 의미 없는 막강한 권력에 의해 부여된 것으로 여겨지도록 현혹시키는 일이 성공했을 때이다. 따라서 노예는 자기의 자유를 [스스로] 포기함으로써 자기의 존재 조건을 받아들이는 게 아니다. 왜냐하면 노예는 예속적 존재 조건 외의 다른 어떤 것도 꿈꾸지 못하기 때문이다. 예를 들어 그는 자신을 무지함 속에 가두어놓는 세상에서도 친구와 관계를 맺어가면서 자유롭고도 도덕적인 사람으로 살아갈 수 있다. 보수주의자는 이 점을 들어 이러한 평화가 방해받아서는 안 된다고 억지를 부리려 할 것이다. 사람들에게 굳이 교육의 기회를 주거나 식민지 원주민들에게 편익을 제공할 필요가 없다고 주장할 것이다. [오히려 필요한 것은] '주모자들'을 억누르는 것이란다. 이것이 바로 모라스*의 옛이야기에 담긴 속뜻이다. 즉, 깨어나면 불행해지기 마련이기 때문에 잠든 사람을 깨울 필요는 없다는 것이다. 노예를 자유롭게 하는 일이 해방을 구실로 삼아 노예들을 자기가 선택하지도 않았고 제어하지도 못하는 새로운 세상에 내던져 버리는 문제는 분명히 아닐 것이다. 예전에 노예제 지지자들은 늙은 검둥이 노예들이 해방을 맞게 되자 무엇을 해야 할지 몰라 당황해하면서 옛 주인에게 눈물로 간청했다는 캐롤라이나 주의 사례를 [북부] 정복자들에게 보여주면서 노예 해방을 반대하는 논거로 삼았다. 어떤 면에서는 불가피하기도 한 해방의 이러한 실패는 해방이 마치 분별없는 운명의 회오리라도 되었던 것

*샤를 모라스(Charles Maurras 1868~1952)는 프랑스의 문인이자 정치인이다. 그는 가톨릭 신도들을 주축으로 한 반유대주의적 반공화주의 단체인 악시옹 프랑세즈l'Action française를 결성해서 왕정복고와 민족주의를 확산시켰다. 2차대전 기간에는 독일에 협력했다가 해방 후 종신형을 받았다.

인 양 사람들을 두려움에 빠지게 만든다. 진실로 이루어져야 할 것은 무지한 노예에게 자기의 처지를 초월하게 하는 봉기라는 수단을 제공하여 그들의 무지를 끝장내는 일이다. 19세기 사회 주의자들의 문제는 프롤레타리아의 계급 의식을 발전시키는 것 이었다는 사실을 우리는 알고 있다. 우리는 그것이 얼마나 보람 없이 끝나 버렸는가를 플로라 트리스탕*의 일생을 통해 알고 있 다. 노동자를 위해 그녀가 원했던 것은 노동자가 없더라도 원래 원해야만 하는 사항이었다. 노동자나 원주민을 '다 자란 아이'로 여기면서 이 아이의 의지를 마음대로 다루는 데에 주저하지 않 는 보수주의자는 다음과 같이 물어볼 것이다. "하지만 대체 무 슨 권리로 타인을 위해 뭔가를 원한단 말인가?" 사실 우리 것이 아닌 일에 대해 낯선 사람이 개입하는 것보다 자의적인 경우는 없다. 시민적 의미에서의 자선에 관련된 충격적인 일 중 하나는 그것이 자선의 대상과 동떨어져서 베풀어지는 국외적 관점에서 행해진다는 점이다. 자유라는 대의는 나의 것도 타인의 것도 아 니다. 그것은 보편적으로 인간적인 것이다. 만약 내가 예속 상태

---

*플로라 트리스탕(Flora Tristan, 1803~1844)은 생시몽주의의 영향을 받아 여성과 노동자의 권리 보장을 주장한 프랑스의 사회운동가다. 스페인 귀족 출신 아버 지가 혼인신고를 하지 않은 채 사망했기에 그녀는 사생아가 되어 아버지의 재 산을 상속받지 못하고 노동자로 살았다. 파리아pariah로서의 자신의 존재를 자 각하고, 핍박받는 여성과 노동자를 위한 글을 발표하면서 사회운동을 전개했 으나 오직 폴 고갱의 외조모로 기억되었을 뿐, 사회운동에 대한 그녀의 기여에 대해서는 오랫동안 주목받지 못했다.

를 의식할 수 있는 노예를 바란다면, 그것은 나 자신이 전제자가 되지 않기 위해서—[전제자의] 그 어떤 절제도 [노예의 지배에] 공모하는 것이기 때문에 이런 경우에 공모는 전제이다—일 뿐만 아니라 해방된 노예에게 열릴, 그리고 그를 통해서 모든 인간에게 열릴 새로운 가능성을 위한 것이다. 실존을 원하는 것, 세상을 드러내기를 원하는 것 그리고 인간이 자유롭게 되기를 원하는 것은 모두 동일한 의지다.

더욱이 압제자는 억압당하는 사람이 억압을 적극적으로 바라는 것인 양 거짓말을 한다. 그[억압당하는 사람]는 단지 억압을 거부할 가능성이 있다는 사실조차 알지 못하기 때문에 억압을 원치 않는다고 말하는 것조차 삼가고 있을 따름이다. 외재적 행위가 제안할 수 있는 일이라고는 억압당하는 사람을 자기의 자유 앞에 데려다 놓는 일이 전부다. 그리고 나서야 그는 [비로소] 적극적으로 자유롭게 결단을 내릴 것이다. 사실 해방의 운동은 그가 억압에 맞서기로 결단을 내리는 그때야 비로소 정말로 시작된다. 왜냐하면 자유롭고자 하는 이유는 저마다 다르며, 해방의 절박성은 모두에게 같지 않기 때문이다. 마르크스는 올바르게도 오직 억압당하던 사람만이 해방을 즉각적으로 필요로 한다고 말했다. 우리로 말하자면, 글자 그대로의 필요성은 믿지 않지만 도덕적 긴급성은 믿는다. 억압당하는 이는 인간으로서의 자유를 오직 봉기 속에서만 충족시킬 수 있다. 왜냐하면 그가 저항하고자 하는 바로 그 상황의 본질적 특성은 바로 그의 긍정적 발전을 가로막는다는 것이기 때문이다. 무한을 향해 가는 그의 초월은 오직 사회적이고도 정치적인 투쟁 속에서만 존재한다. 확실히 프롤레타리아는 다른 계급의 사람보다 천성적으로 도덕적이라고 하지는 못하겠다. 프롤레타리아는 자기의 자유로부터 도망질치고, 그것을 탕진하며, 아무런 욕망도 품지 않고 세월이나 보내다가 비인간적인 신화에 자신을 넘겨준다. 또한 '계몽된' 자본주의의 속임수는 그가 [자기 삶의] 진정한 정당화에 참여할 수 있다는 사실을 망각하게 한다. 그는 자기 초월의 과업을 기계적 업무가 흡수해 버리는 공장에 출퇴근하는 삶을 살고 있다. 자본주의는 그에게 오락거리나 제공함으로써 자기 초월의 과업이 기력을 다하여 소멸하도록 만들어 버린다. 노동자를 스포츠, 신기한 잡동사니, 자동차, 프리지데어 냉장고라는 덫에 사로잡히도록 만드는 미국 노동 계급에 대한 정책이 바로 이러한 것이다. 그렇기는 해도 프롤레타리아는 대체로 이러한 배반의 유혹에 넘어가는 일이 특권계급보다 덜하다. 왜냐하면 프롤레타리아는 자기의 열정과 모험에 대한 기호, 나아가 [그의] 사회적 중요성을 충족시켜주는 일에서 배제되어 있기 때문이다. 그런데 특이하게도 부르주아와 지식인이 [프롤레타리아가 전개하는] 억압에 맞선 투쟁에 협력한다면 그들 역시 자신의 자유를 긍정적으로 이용할 수 있게 된다. 그럼으로써 그들의 미래는 무언가에 의해 가로막히지 않게 된다. 이게 바로 퐁주*가 '포스트 혁명' 문학을 생산해내고 있다며 글을 쓸 때 제안한 것이다. 과학자 및 기술공학자뿐만 아니라 작가[등의 부르주아적 지식인들]는 혁명이 완수되기도 전에, 설령 자유가 속박당하는 일이 더 이상 어디에서도 일어나지 않는다 할지라도, 모든 사람의 과업이 되어야 하는 세상의 이러한 재창조를 구현할 수 있다. 미래를 예견하는 것은 바람직할 수도 있고 아닐 수도 있는 것인지, 모든 해방이 아직까지 달성되지 않고 있는 한 인간은 자유를 긍정적으로 사용하는 것을 포기해야만 하는 것인지 그렇지 않은지, 혹은 이와는 반대로 어떤 인간적 성취든 인간이라는 대의에 봉사하는지 그렇지 않은지 등의 문제는 혁명의 정치 자체가 [섣불리 답하지 못하고] 여전히 머뭇거리며 주저하는 급소이다. 소련에서조차 미래의 건설과 현재적 투쟁 사이의 관계는 시점과 상황에 따라 다르게 규정되는 듯하다. 이것 역시 각자가 저마다 자유롭게 해결책을 고안해내야 할 문제다. [하지만] 어떤 경우에서든 우리는 억압받는 사람이 억압을 경험하지 못하는 사람들—비록 그들이 억압당하는 이의 예속상태를 거부하기 위해 동참하는 사람들이라 할지라도—보다 그것에 대한 투쟁에 훨씬 더 많이 종

*프랑시스 퐁주(Francis Ponge, 1899~1988)는 초현실주의의 영향 아래 산문시를 쓴 프랑스의 시인이다. 1944년 사르트르가 「인간과 사물」이라는 논문에서 퐁주론을 전개한 이래 유명해진다. 1937년 공산당에 입당(1947년 탈당)하였고, 2차대전 중에는 레지스탕스로 활약하였다.

사하게 된다고 단언할 수 있다. 모든 사람은 이러한 투쟁에 참여하지 않고서는 도덕적 자아를 완성시킬 수 없다. 그런 면에서 볼 때 사람들은 모두 이러한 투쟁에 의해 영향을 받는다고 하겠다.

이 문제의 실천은 오늘날의 억압이 여러 가지 모습을 지니고 있다는 사실로 인해 복잡해졌다. 아랍의 노동자는 [그들의 전제자인] 셰이크sheik뿐만 아니라 프랑스 및 영국 식민 정부 의해서도 억압받고 있다. 둘 중 어느 적과 싸워야 할까? 프랑스 프롤레타리아의 이해관계는 식민지 원주민의 그것과 같지 않다. 둘 중 어느 쪽에 복무해야 할까? 그러나 여기서 문제가 되는 것은 도덕적인 것 이전에 정치적인 것이다. 모든 압제를 폐지함으로써 끝나는 것이어야만 한다. 각자는 자기의 투쟁을 타인의 그것과 연결시키면서, 나아가 그것을 일반적 양식 속에 통합시킴으로써 투쟁을 계속해 나가야 한다. 어떤 명령을 따라야 할 것인가? 어떤 전략이 적용되어야만 할까? 그것은 기회와 효율성에 관련된 문제다. 각자에게 이 문제는 저마다의 개인적 상황에 달린 것이다. 승리의 대의를 조금 더 절박한 방어의 대의 아래에 둠으로써 그것을 잠시 희생시키는 것이 가능할 수도 있다. 반대로 어떤 대가가 있다 해도 용납할 수 없는 상황에 처하는 것을 막기 위해 봉기의 결기를 누그러뜨리지 않는 것이 필요하다고 판단할 수도 있다. 그런 까닭에 2차대전 기간 동안 미국의 흑인 지도자들이 일반의 이익을 위해 흑인들만의 요구 사항을 포기하도록 종용했을 때 리처드 라이트*는 이를 거부했던 것이다. 그는 전시 하에서도 그만의 대의는 지켜져야 한다고 생각했다. 어떤 경우 에서라도 투사는 자기를 위해 설정한 목표가 진지함[=엄숙함] 이나 열정의 광신으로 전락해 버린 목적으로 인해 눈이 멀어져 서는 안 된다는 것을 도덕성은 요구한다. 자기가 봉사하는 대의 에 갇혀있어서는 안 되며 나아가 [일반적 대의와 개인적 실존을 위한 투쟁을] 분리하는 기미를 새로 만들어서는 안 된다. 그는 자기 고유의 투쟁을 거쳐 보편적 대의로서의 자유에 봉사하려 는 노력을 해야만 한다고 생각했던 것이다.

압제자는 다음과 같이 말하면서 지체 없이 반박할 것이다. 너희는 자유를 구실로 삼아 나를 억압하려 들 것이다. 너희는 나 의 자유를 강탈해갈 것이다. 이는 미국 남부 지방의 노예 소유자 들이 노예 폐지론자들에 반대하면서 제시한 논거이다. 우리는 양키들이 추상적인 민주주의 원칙에 너무나 깊이 물들어 버린 바람에 노예 소유의 자유를 기각할 수 있는 권리를 그들이 지니 고 있다는 사실을 인정하지 않았다고 알고 있다. 남북전쟁은 완 전히 그럴싸한 구실로 발발했다. 우리는 그러한 양심에 미소를 보낸다. 그러나 오늘날 미국은 여전히 남부 백인이 검둥이들을

---

*리처드 라이트(Richard Wright, 1908~1960)는 미국 미시시피 주 출신의 흑인 작가 다. 양친의 불화와 가난한 가정환경 탓에 식당 종업원으로 살다가 작가로 데 뷔하였다. 미국 내 흑인의 사회적 차별을 사실적으로 고발한 『미국의 아들』 (1940), 자전적 작품인 『검둥이 소년』(1945) 등이 대표작이다.

린치할 자유를 지니고 있다고 거의 암묵적으로 인정하고 있다. 동일한 궤변이 자유공화당^{P. R. L: Parti Républicain de la Liberté}* 의 당보에는 천연덕스럽게, 모든 보수주의 기관지에는 거의 미묘하게 나타나고 있다. 어떤 정당이 지도계급에게 그들의 자유를 방어하겠다고 약속할 때는 지도계급이 노동자계급을 착취할 자유를 가지고 있어야 한다는 뜻이 담겨있다고 봐도 무방하다. 우리는 이런 요구에 대해 추상적 정의의 이름으로 분노하는 것이 아니다. 그 속에 기만적으로 깃든 모순에 분노하는 것이다. 왜냐하면 자유는 오직 타인들의 자유를 경유하면서 전개되는 무한한 운동으로서 의지될 때에만 순수하게 그 자체로서 의지되기 때문이다. [다른 사람들의 자유와 관계없는] 자체의 자유로 뒷걸음질 치게 되면, 그 즉시 어떤 대상을 위해 의지되는 자유를 부정하게 된다. 우리는 자유공화당이 요구하는 자유가 어떤 것인지 잘 알고 있다. 그것은 소유와 열정의 느낌과 자본과 안락과 도덕적 안심으로서의 자유다. 우리는 자유가 그것 자체를 지향할 경우에만 자유를 존중해야 한다. 자유가 제 길에서 벗어나 자기로부터 도망칠치고, 자신을 포기할 경우에는 존중할 필요가 없다. [또한] 자유를 부정하는 것에만 관심이 있는 자유는 거부되어야 한다. 그리고 다른 사람들의 자유를 인정하는 것이 나 자신의 자

---

*자유공화당은 1945년 12월 프랑스 해방 이후 설립된 프랑스의 우파 정당이다. 이들은 2차대전기 대독 협력자들로 인해 신망을 잃은 보수주의자들을 자유와 공화국에 대한 사랑의 기치 아래 규합하여 공산당의 집권을 막고자 했다.

유를 제한한다는 생각은 옳지 않다. 자유로워진다는 것은 하고 싶은 것은 뭐든지 할 수 있는 힘을 지닌다는 게 아니다. 자유로 워진다는 것은 주어진 것을 극복하여 열린 미래를 향하는 것을 의미한다. 자유로서의 타인들의 실존은 나의 존재 상황을 규정 한다. 심지어 그것은 내 고유한 자유의 조건이다. 만일 내가 투 옥된다면 나는 억압당하는 상황에 처하게 된다. 하지만 내 이웃 이 투옥당하는 것을 내가 막아선다면 나는 억압당하는 처지에 있지 않게 되는 것이다.

　　사실 압제자 자신은 이것을 궤변이라고 인식하고 있다. 그는 이 궤변에 감히 의존할 수가 없음을 알고 있다. 그래서 그는 자유 에 대한 꾸밈없는 요구를 억압하기보다는 자기를 특정한 가치의 수호자로 곧잘 내세우려 한다. 그의 투쟁은 자기 이름을 내걸고 이루어지기보다는 문명, 제도, 기념비, 가치의 이름으로 이루어 진다. 이러한 것들은 그가 유지하려고 하는 존재 상황을 객관적 으로 구현한 것들이다. 그는 이 모든 것들이 그 자체로 아름답고 선하다고 공표한다. 그는 가치를 미처 이루어내지 못한 불확실 한 미래보다는 얼음같이 단단한 존재의 위풍을 갖춘 것으로 여 겨지는 과거를 옹호한다. 이것은 종종 '보수주의'의 표어로 표현 된다. 어떤 사람들은 박물관의 큐레이터나 메달 수집가가 되지 만, 어떤 사람들은 주어진 세상의 큐레이터가 된다. 모든 변화에 는 필연적으로 희생이 따른다는 점을 강조하는 사람은 아직 이루어지지 않은 것보다는 이미 끝난 것의 편을 든다.

　미래를 향해서 과거를 극복하는 일에 희생이 요구된다는 점은 분명한 사실이다. 그러나 새집을 짓기 위해 옛 주거지를 폐허로 만드는 게 그곳을 보존하는 변증법적 방법일 수 있다는 주장은 말장난이다. 그 어떤 변증법도 마르세유의 옛 항구를 보존할 수는 없다. [하지만] 생생히 살아있으면서 극복되지 않았던 무엇으로서의 저 과거는 완전히 사라져 버렸다. 완고한 낙관주의가 주장할 수 있는 것이라고는 고작해야 다음과 같은 게 전부다. 즉 과거는 특별히 관심을 기울이면서 보존해야 할 만한 게 아니며, 오히려 과거를 희생시킴으로써 우리는 아무것도 희생시키지 않았다는 것이다. 그런 까닭에 수많은 혁명가들이 과거에 집착하지 않는 게 바람직하다고 여기면서 기념물과 전통을 조롱하기 일삼았던 것이다. 어떤 좌파 언론인은 폼페이 거리에서 성마르게 씩씩대며 다음과 같이 말하기도 했다. "우리가 여기서 뭘 하고 있는 거지? 시간이나 낭비하고 말이야." 이런 태도는 다음과 같은 자기 확신이 된다. '과거를 등지자. 과거의 흔적은 현재에 더 이상 남아있지 않고, 심지어 미래에도 남지 않을 것이다. 중세에는 고전 그리스기를 너무도 잘 망각하여 그에 대해서는 알고 싶어 하는 사람조차 없어져 버렸잖은가.' 물론 우리는 그리스어와 라틴어, 성당과 역사가 없어도 살 수 있다. 하지만 없어도 살 수 있는 것은 그 밖에도 많다. 인간은 으레 제 자신을 감소시키기보다는 자기 힘을 증가시키기 마련이다. 과거를 사실성의 어둠에 내버리는 것은 세상에 거하는 것들의 숫자를 줄이는 한 가지 방법이 된다. 나는 이전 시대의 사람들의 노력에 대해 너무도 무관심했던 인본주의에게 신뢰를 보내지 않을 것이다. 우리의 선조들이 이루어낸 것을 드러내는 일이 [오늘의] 우리를 달라지게 하지 못한다면, 오늘날 일어나는 일에 대해 관심을 가질 이유가 어디에 있겠는가? 미래를 실현하는 일에 그렇게 열심일 이유가 뭐란 말인가? 인간의 통치를 옹호하는 것은 미래의 인간 뿐만 아니라 과거의 인간을 인정하는 일이다. 르네상스기 인본주의자들은 과거에 뿌리내렸던 것을 해방시키는 일에 힘을 보태던 범형적 인간들이다. 그러나 그리스어와 라틴어를 연구한다고 해서 모든 시대가 이 생생한 힘을 가지게 되는 게 아님은 분명하다. 그렇지만 과거를 소유한다는 것은 어느 경우에서든 인간 조건의 일부를 이룬다. 만일 우리 이전의 세상이 거의 남아있지 않았다면, 우리는 아마도 우울한 사막 외에는 볼 수 있는 게 아무것도 없는 상태가 되었을 것이다. 이제 우리는 살아있는 우리만의 기투를 가지고 과거에 수행되었던 자유에 대해 관심을 기울이는 쪽으로, 나아가 그것을 지금의 세상에 통합시키는 방향으로 선회하도록 노력해야 한다.

그러나 반대로 만일 과거가 우리의 관심사가 된다면, 그것은 야수적 사실로서 그렇게 되는 게 아니라 인간적 의의를 지니는 한에서 관심을 불러일으키는 대상이 될 것이다. 만일 이러한 의의가 과거의 유산을 거부하는 기투에 의해서만 승인될 수 있다면, 저 유산은 마땅히 거부되어야 한다. 과거로부터 주어진 것은 그 속에 인간의 자유가 표현되고 있는 한에서만 귀중하게 여겨진다. 인간을 거스르면서 이것을 유지하려는 것은 터무니없는 짓이 되리라. 과거에 대한 숭배가 하나의 제도가 되어 버릴 정도로 승격된 유일한 나라는 오늘*의 포르투갈이다. 그러나 이것은 인간에 대한 고의적 멸시를 대가로 한다. 살라자르**는 많은 돈을 들여 유적이 서 있던 언덕 위에 최신식 성을 지었다. 그리고 오비두스에서는 원래 산부인과 병원에 쓰여야 하는 돈을 복원사업에 전용시킴으로써 병원 문을 닫게 만들어 버렸다. 아이들을 위한 지역공동체가 세워져야 했던 코임브라의 외곽에서 그는 여러 양식의 고풍스러운 포르투갈 가옥을 축소된 형태로 지으려고 수많은 돈을 낭비하였다. 그 바람에 이 기괴한 마을에서는 고작해야 네 명의 아이들만이 거주할 수 있게 되었다. 춤, 노래, 지역 축제, 지역 전통의상을 입는 것은 어디서든 장려되었

*이 책이 저술된 1947년을 전후한 시기를 가리킨다.
**안토니우 드 올리베이라 살라자르(António de Oliveira Salazar, 1889~1970)는 1932년부터 1968년까지 36년간 총리로 재임하며 체제를 유지했던 포르투갈의 독재자다. 1936년에 발발한 스페인 내전 때는 프랑코의 파시스트 정권을 지원했으나 2차대전 시기에는 연합국 편을 들었다. 1968년 낙마 사고로 의식불능 상태로 있다가 1970년 죽었다. 포르투갈 민주화는 1974년 좌파 청년 장교들의 주도하에 카네이션 혁명을 거치면서 이루어졌다.

지만 학교는 결코 세우지 않았다. 여기서 우리는 인간보다 사물을 선호하여 사물만이 가치를 인정받게 되는 극단적 형태의 어처구니없는 선택을 목격한다. 춤, 노래, 지역 의상과 같은 고안물들은 오직 자유의 업적으로서만 표현되는 까닭에 우리를 달라지게 만들 수 있는 것이다. 이 고안물들은 고통스러운 생활 조건의 와중에서도 옛 농부들이 이루어낸 자유의 업적이다. 이러한 창조물들 덕에 농부들은 예속적 노동으로부터 놓여나 자신의 처지를 넘어서고 자기를 짐 나르는 짐승 이전에 인간으로 주장할 수 있었다. 이러한 축제가 여전히 자발적으로 존재하는 곳이라면 어디든, 그곳에서의 축제는 고유한 의미, 가치, 특성을 지니고 유지되어 왔다. 그러나 축제가 무심한 관광객의 의식 교화를 위해 딱딱한 격식에 맞추어 다시 만들어지게 되면 축제는 지루한 다큐멘터리보다 나을 것이 없거나 심지어는 꼴사나운 신비화에 그치고 만다. 사람들은 강제에서 벗어남으로써 그들의 가치를 일궈낸다. 이것을 강제로 유지시킨다는 것은 궤변인 것이다. 마찬가지로 옛 레이스, 깔개, 농부의 두건, 그림 같은 집, 지역 의상, 수제 의복, 옛날 말 등이 사회적 진화와 대항하고 있다고 말하는 사람들은 자기가 정직하지 않다는 사실을 알고 있다. 그들 자신은 위와 같은 것들이 지금 현실에서 높은 가치를 지닌다고 여기지 않고 있다. 그들의 삶이 이 점을 여실히 보여준다. 그들은 분명히 알랑송 레이스Point d'Alençon*의 무조건적 가치를 알지 못하는 사람들을 무지한 이들로 여기기는 한다. 그러나 그들 마음속에서 이러한 물건들은 그들이 대리하고 있는 문명의 현현보다는 못한 것이다. 그들은 레이스와 바늘에 자신을 일치시킨 부지런한 일손의 인내심과 고분고분함을 추켜세운다. [하지만] 우리는 나치가 아주 보기 좋은 가장자리 장식천과 전등갓을 인간의 피부로 만들었다는 사실도 알고 있다.

그러므로 억압은 그것이 옹호하고 기만적인 우상으로 세우려는 내용의 이름으로는 결코 정당화될 수 없다. 이러한 내용은 그것을 세워낸 주체성에 구속되어 있기 때문에, 그것의 극복을 필요로 한다. 만일 누군가가 과거를 경직되고 화석화된 형태로 보존해야 한다고 주장했다고 하자. 그렇게 되면 그는 살아있는 진실이 담겨 있는 과거를 사랑하지 않게 된다. 과거는 어떤 호소다. 그것은 미래를 지향하는 호소다. 때로는 과거가 파괴됨으로써만 보존될 수 있음을 촉구하는 미래 지향적 호소인 것이다. 비록 이러한 파괴가 희생을 낳을 수 있다 해도, 이것을 부정하는 것은 기만이 된다. 인간은 세상에는 존재함이라는 것이 이루어져야만 한다는 소망을 품고 있기 때문에 애석해하는 마음도 없

*알랑송Alençon은 파리 근방의 지방 도시다. 이곳의 대표적 특산물은 17세기 이후 왕실의 지원 아래 제조되었던 푸앵 달랑송Point d'Alençon이라는 레이스 직물이다. 푸앵 달랑송은 유네스코 인류무형문화유산으로 지정되었다. 푸앵 달랑송이라고 표기하는 것이 맞겠으나 알랑송 레이스라는 이름이 더 유명해서 위와 같이 번역하였다.

이 어떤 존재를 희생시키지는 못한다. 그러나 진정한 윤리학은 그것을 희생시키라거나 거부하라고 가르치지 않는다. 우리는 이 것을 떠맡아야 하는 것이다.

압제자는 자신을 보수주의자로만 정당화하지 않으려 할 것이다. 그는 종종 미래의 현실화를 기원하기도 한다. 미래의 이름으로 말하기 때문이다. [실제로] 자본주의는 생산에 가장 우호적인 체제로 건립되었으며, 식민주의자는 원주민이 묵혀놓고 있던 부를 착취하여 그것을 활용하는 데에 일가견이 있는 이들이다. 압제자는 이런 유용성을 가지고 억압을 옹호하려고 한다. 그러나 우리는 '유용하다'는 말에 절대적 의미를 부여하려는 것이 진지한[=엄숙한] 정신의 소유자들이 늘상 하는 거짓말 중 하나라는 것을 이미 살펴보았다. 만약 인간이 자유로운 상태에 있는 게 아니라면, 그리고 후자[="유용하다"는 말]가 자기의 고유한 목적과 가치를 규정할 수 있는 자리에 있는 게 아니라면 그 무엇도 유용할 수 없다. 분명히 억압적 체제는 인간에게 봉사하는 구조물들을 건립할 능력이 있다. 이 구조물들은 인간이 그것들을 자유롭게 사용할 날이 될 경우에만 인간을 위해 봉사할 수 있을 것이다. 압제자의 체제가 존속하는 한 압제하에서 누릴 수 있는 그 어떤 혜택도 진짜 혜택이 되지 못하는 것이다. 과거에도 미래에도 인간보다 사물을 선호할 수는 없다. 인간만이 모든 사물을 만들게 하는 이유이기 때문이다.

결과로만 보자면, 압제자는 자유에 대한 존중이 난관 없이
는 결코 가능하지 않으며, 심지어 사람이란 모든 자유를 동시에
존중할 수는 없다고 단언하게끔 하는 좋은 논거를 가지게 된다.
그러나 이것이 뜻하는 것은 단지 인간이란 투쟁에 연관된 갈등
을 받아들여야만 하고, 평정과 휴식이라는 실현 불가능한 상태
를 목표지점으로 겨냥하는 바 없이 해방 활동을 영원히 계속하
고자 능동적으로 시도해야만 한다는 사실뿐이다. 또한 이것은
끊임없는 정복보다 잠에 빠진 노예 상태를 선호해서는 안 된다
는 뜻이다. 인간에게 제기된 문제, 인간이 떠맡아야만 하는 방해
요인들, 그리고 인간이 투쟁해야 할 난관들이 무엇이든 간에, 인
간은 어떤 대가를 치르고서라도 억압을 거부해야 한다.

3. 행위의 이율배반

우리가 앞서 살펴보았듯이 만약 압제자가 자기만의 자유가 요
구하는 바를 인지하였다면, 그는 억압을 맹렬히 비난했을 것이
다. 그러나 그는 기만적이다. 그는 진지함[=엄숙함], 열정, 권력
에 대한 의지 혹은 욕구의 이름으로 특권을 포기하려 하지 않는
다. 해방 행위가 철두철미하게 도덕적 행위일 수 있으려면, 그것
은 압제자의 회심을 통해 달성되어야만 할 것이다. 그리되면 모

든 자유가 화합하게 될 것이다. 그러나 오늘날 누구도 이러한 유
토피아적 몽상을 꿈꾸도록 더 이상 허용하지 않는다. 우리는 집
단적 회심을 염두에 둘 수 없다는 점을 너무도 잘 알고 있다. 압
제자들은 자유를 확인하는 협동 작업을 거부함으로 인하여, 선
의지를 지닌 모든 인간의 관점에서 볼 때, 사실성의 부조리함을
몸소 보여준다. 윤리학은 자유가 사실성에 대해 승리하는 게 필
요하다는 것을 주장함으로써 압제자들을 제압할 것을 요구한다.
그러나 그들의 주관성은 우리의 통제를 벗어나는 까닭에, 윤리학
은 [그들의 마음이 아니라] 그들의 객관적 현존에만 영향을 미
칠 수 있을 뿐이다. 그로 인해 타인들은 사물과 다름없이 폭력적
으로 다루어지게 될 것이다. 사람들이 분리되었다는 서글픈 사
실성은 그렇게 확인될 것이다. 압제자는 다음 차례에서 제압당
하는 신세가 된다. 그리고 그에게 폭력을 행사하는 사람들이 주
인, 폭군 그리고 집행자가 된다. 억압당하던 이들은 봉기의 와중
에서 맹목적 힘과 야수적 죽음을 불러일으키는 쪽으로 변모한
다. 세상을 분열시키던 악은 억압당하던 이들의 마음속에서 활
개 친다. 압제자가 실제로는 폭군이 아니었다고 해도 억압당하
던 이들은 압제자의 악한 의지를 구실로 그를 적으로 만들었다.
그렇다고 해서 이 사실이 문젯거리가 되지는 않는다. 이렇게 보
면 적으로 지목될 누군가를 희생양으로 고르는 일이 필요한 게
분명하다. 그러나 사실은 그런 일을 하는 자신이 모든 사람의 자

유를 획득하려는 목적으로 특정한 사람들을 사물로 취급하도록 스스로 강제하고 있는 것이다.

자유를 부정하는 데에 몰두해 버리는 자유는 너무도 무도하여 우리가 맞서는 폭력이 무도하다는 점은 거의 보이지도 않게 된다. (교설의 냉정한 불편 부당성에도 불구하고 마르크스주의자조차 길러내던) 증오, 분개, 노여움은 모든 양심의 가책을 싹 쓸어낸다. 그러나 압제자가 억압당하는 이들 사이에서 공범자를 얻지 못했다면 그렇게 강해지지는 않았을 것이다. 신비화는 억압의 한 형태다. 무지는 인간을 감옥에 있는 것만큼이나 좁게 가두어 놓는다. 우리가 이미 말한 바와 같이 모든 개인은 자기 세상 속에서 각자의 자유를 행사할 수 있다. 그러나 모든 사람들이 거부라는 수단을 지니고 있는 것은 아니다. 자기들을 둘러싸고 있는 가치, 금기 그리고 규정이 의심스럽기조차 한데도 말이다. 확실히 무언가를 경외하려는 정신의 소유자들은 존경의 대상을 자기화해 버린다. 이런 의미에서 그들은 자기가 세상에 존재하고 있는 동안 그에 대한 **책임이 있다**고 한다. 그러나 [거부 아닌] 찬동을 한 그들의 행위가 자기들의 자유를 단념하는 것이 아님을 의미한다면, 그들에게는 죄가 없다. 열여섯 살짜리 어린 나치가 "하일 히틀러!"라고 외치며 죽었다고 해보자. 그렇게 죽은 그는 죄가 없다. 우리가 미워하는 자는 그가 아니라 그의 주인들이다. 바람직한 것은 이렇게 잘못 인도된 젊은이들을 재교육하는 것일 게다. 이들에게 필요한 것은 [징벌이 아니라] 그들이 신비화 작업에 사로잡혀있었다는 사실을 폭로해 주는 일이다. 그리고 신비화 작업에 희생된 이들을 자기들의 자유에 임하도록 해주는 일이다. 그러나 투쟁의 긴급성은 이 느리고 고된 일을 허락하지 않는다. 그래서 우리는 압제자뿐만 아니라 그에게 복무하는 사람들도 어쩔 수 없이 제거해야만 한다. 그들이 무지해서 그랬든 강압 때문에 그랬든 말이다.

우리가 이미 역시 살펴보았던 것처럼, 세상의 상황은 너무도 복잡하여 모든 사람들을 위한 싸움을 모든 곳에서 동시에 수행할 수는 없다. 시급한 승리를 획득하기 위해서라면 우리는 최소한 잠시 동안만이라도 [보편적으로] 타당한 대의에 봉사하려는 생각을 단념해야만 한다. 심지어 우리는 이러한 대의에 맞서 싸우는 상황에까지 처해질 수 있다. 그래서 지난 전쟁*이 치러지는 동안에는 그 어떤 반파시스트도 대영제국 원주민들의 봉기가 성공하기를 바라지 않았던 것이다. 이러한 봉기들은 오히려 파시스트 정권의 지원을 받고 있었기 때문이다. 우리는 이런 사람들[=파시스트 정권의 편을 들었던 식민지 원주민들]을 비난할 수 없다. 그들은 조금 더 시급하다고 할 수 있는 행동을 우선적으로 고려함으로써 해방을 획득하는 데 유리한 상황을 취하고자 했기 때문이다. 그러므로 자기 입장에서는 타당하다고

*2차 세계대전을 의미한다.

인정되는 목적을 추구하는 사람들을 어쩔 수 없이 억압하고 죽여야 하는 일은 있을 수 있는 것이다. 심지어 그러한 일은 종종 벌어지기까지 한다.

그러나 이런 일이 폭력을 옹호하는 것에 불과하다고 몰아댈 만큼 최악인 것은 아니다. [하지만] 이런 일은 우리 길을 가로막는 사람들을 어쩔 수 없이 희생시키게끔 만들 뿐만 아니라 우리 편에서 싸우는 사람들과 심지어 우리 자신도 희생시킨다. 우리는 적의 사실성에 기초하여 행위함으로써만, 즉 그들을 사물로 환원시킴으로써만 정복 작업을 해나갈 수 있다. 이런 이유로 우리는 우리 자신을 사물로 만들어야만 한다. 이런 투쟁에 임하게 되면, 동지를 [사물화된] 몸으로 대우하려는 서로의 의지에 직면하지 않을 수 없게 된다. 적의 몸뚱이를 야수적으로 해치고자 하는 의지가 발동하듯이 말이다. 이들 모두는 다치고 살해당하거나 굶어 죽을 것이다. 모든 전쟁, 모든 혁명은 그러한 과업을 감수하려는 세대와 집단의 희생을 요구한다. 피가 강물을 이루는 위기의 시기가 지나갈지라도, 폭력은 영원히 국가와 계급 사이에 숨겨진 전쟁 상태를 구축할 수 있다. 이 숨겨진 전쟁에서 개인들은 영구적으로 희생당한다.

그래서 사람은 인간을 위한다고 하는 그 어떤 행위도 사람들에 반하지 않고서는 발생할 수 없다는 역설 속에 현존하고 있음을 알게 된다. 이 분명한 진리는 보편적으로 알려져 있지만, 그럼에도 불구하고 [가장] 우선시해야 할 행위 교설을 고려할 때는 보통 이와 같은 결함의 낌새에 가면을 덧씌운다는 점에서 참으로 비통하다. 억압의 당사자들은 자기네가 **아무것도 희생시키지 않는다**고 단정하면서 그들이 희생시키는 것의 가치를 부정해 버린다. 그들은 진지함[=엄숙함]을 지나 허무주의에 이르는 기만적 행위를 감행함으로써, 그들의 목표가 무조건적 가치를 지님을 확고히 할 뿐만 아니라 자기들이 도구로 사용하는 사람들이 사소한 존재임을 확고히 한다. 희생자의 수가 아무리 많다 해도, 그 숫자는 언제나 헤아릴 수 있다. 하나씩 하나씩 헤아려지는 각각은 결코 아무나가 아니라 한 개인이다. 하지만 어느 시대 어느 장소든 대의의 승리는 무한성에 귀착되는 까닭에 그것은 언제나 전체적 집단성에 관심을 둔다. 비록 이런 집단을 희생하여 개인에게 관심을 둬야 하겠지만, 무도함을 부정하기 위해서라면 개인의 중요성 따위는 너끈히 부정할 수 있다는 것이다. 그리하여 **집단**이 전부가 되고 **개인**은 그저 아무것도 아닌 게 되어 버린다.

어떤 의미에서 보면, 개인은 사실상 그리 중요하지 않다. 그리하여 우리는 1939년 뭇사람들에게 다음과 같이 선언한 어느 인간혐오자의 말을 이해할 수 있게 된다. "여러분이 인민 한 사람 한 사람을 살펴보게 되면, 그들은 전쟁 상대자로 삼을 정도로 대단한 존재가 아님을 결국 알게 될 것입니다." 한 인간이 [인간으로서가 아니라 사물과 같은] 단순한 사실성으로 환원되고, 그의 존재가 [바깥세상과의 관계성 속에서가 아니라] 내재성의 차원으로 고정되며, 미래적 가능성으로부터 박탈되고, 자기 초월의 기회와 이를 통해 드러나는 세계와의 관계 맺음의 경험을 빼앗기게 되면, 그러한 인간은 일개 사물에 불과한 존재가 된다. 이 사물은 없어져도 표가 나지 않아 전체 사물 중에서 아무렇게나 선택되어도 무방한 것이 되어 버린다. 이 미미한 존재들을 아무리 수천 번 곱해 봐도 이것들은 여전히 보잘것없는 존재로 남아있을 뿐이다. 0은 어떤 유한수를 가지고 곱한다 해도 여전히 0으로 남는다는 사실을 우리는 이미 수학에서 배웠지 않은가. 이렇게 본다면, 이와 같은 무용한 확장만이 개체가 가없다는 사실을 더욱 잘 확인해준다고까지 할 수 있다. 때때로 공포는 부헨발트 및 다하우*의 시체 안치소와 뼈로 가득한 웅덩이 사진 앞에서 자기 파괴적이게 된다. 무심한 태도를 취하기 때문이다. 동물의 육체는 결국 썩어 없어져 저마다의 숙명에 이르게 되기 마련이니 더 이상 유감스러울 것도 없다는 식이다. 인간의 죽음을 잔인무도한 학살로 여기게 되는 것은 인간이 살아있을 때다. 하지만 시체는 나무나 돌과 같이 그저 무감각한 평정심만을 지닌다. 이런 이들은 '한 구의 시체 위를 밟고 다니는 것은 쉽다. 하물며 시체 더미 위를 걷는 것은 더 쉬운 일'이라고 말하는 사람들이다. 죽음을 모면한 이들이 잔혹함에 대해 묘사하는 태도도

*다하우Dachau는 1933년 뮌헨 북서쪽 근방에 개설된 최초의 강제 수용소이다.

같은 관점에서 고찰해 볼 수 있다. 이런 사람들은 질병, 고통, 굶주림 그리고 죽음을 겪으면서도 자기 동료나 자기 자신을 동물들의 무리보다 나은 존재로 여기지 않는다. 그들의 생명이나 욕망은 그것 이상의 다른 무엇에 의해 정당화되지 못한다. 그들이 감행하는 반역도 그저 동물들이 일으키는 소동에 불과한 것이었을 뿐이다. 이런 치욕을 당한 몸뚱이들[의 무도한 사실성]을 떨치고 나와 인간을 지각할 수 있으려면, 정치적 신조, 지적 자부심 혹은 그리스도교적 자비심이 존재해야 한다. 이것이 바로 나치가 자기네들이 말살하고자 했던 사람들을 그토록 체계적으로 비굴한 존재로 만드는 잔인성을 보였던 이유다. 나치의 희생자들은 제 자신에 대해 혐오감을 느끼면서 [자기 내면에서 솟아오르는] 반역의 목소리를 억누르고 모든 일을 집행자의 관점에서 정당화시켰다. 모든 억압적 체제는 억압당하는 사람들이 수행하는 [자기] 비하를 통해 점점 더 강력해진다. 알제리에서 나는 수많은 식민지인들이 곤궁함에 짓이겨진 아랍 사람들을 멸시함으로써 자기의식을 달래고 있음을 목격하였다. 아랍인들이 점점 더 비참해질수록 그들이 멸시할 만한 요소는 많아지고 그럴수록 연민과 가책의 여지는 결코 존재하지 않게 된다. 남부의 어느 부족들은 질병과 기근에 너무도 황폐해진 나머지 더 이상 그것에 맞서려거나 다른 희망을 품을 수 없게 되었다. 사람들은 너무나 원초적인 동물성으로 퇴행하는 바람에 모성 본능마저도

억제되고 있는 이 불운한 피조물들의 죽음을 차라리 희구할 정
도였다. 그곳의 아이들은 이 비열한 체념만을 지닌 채 웃으며 놀
았다. 하지만 아이들의 웃음은 압제자들의 거짓을 폭로하고 있
었다. 그것은 호소와 약속으로서의 거짓이었다. 그들의 거짓말
은 아이들에게 미래, 즉 인간의 미래를 기투하였다. 만약 억압받
는 나라에 사는 한 아이 얼굴이 심금을 울린다면, 그것은 그 아
이가 다른 사람들보다 더 많이 우리의 마음을 움직이게 한다거
나, 행복해질 권리를 더 많이 가지고 있음을 뜻하는 것이 아니
다. 그것이 바로 인간다운 초월의 살아있는 증거이기 때문이다.
그는 늘 세상을 살피면서 그것에 기꺼이 손을 내민다. 그는 희망
이며 기투 자체다. 전제자의 속임수는 인간을 자기 속에 내재하
는 사실성 속에 가둬서 인간이 언제나 하이데거가 말했던 존재,
즉 "비록 현재의 자신으로 환원될 수도 있겠지만 자기가 되고
자 하는 것 이상으로 무한히 전개하는" 존재임을 망각하게 만든
다. 인간은 거리를 취하는 존재이자 미래를 향해 운동하는 존재
이고, 기투하는 존재이다. [그런데 공교롭게도] 전제자는 자기
를 초월 자체라고 자부한다. 또한 타인들을 [자기의 초월적 의
지 안에] 순수하게 내재한 것들pure immanences로 여긴다. 그리하여
그는 제 권리를 남용하여 타인들을 가축처럼 취급한다. 여기서
우리는 그의 행태가 바탕으로 하고 있는 궤변을 보게 된다. 전제
자가 보존하려는 초월은 오직 자기만을 위한 것이다. 자기 이외

의 타인들에게는 우연적이고도 정당화되지 않는 내재성이라는 측면만 남겨놓는다.

그러나 인간에 대한 이런 식의 경멸이 편리한 것으로 여겨지면 무척 위험해진다. 사람들이 절망적인 체념에 빠져 자신이 비굴한 존재임을 확신하게 되면 이들을 투쟁으로 이끄는 일은 불가능하다. 나아가 희생을 감수하도록 고무하는 것은 가당치도 않은 일이다. 이것은 이미 로마제국의 타락기에 볼 수 있었던 일이다. 그때 사람들은 삶에 대한 열정과 위험을 기꺼이 감수하는 자세를 잃어버렸다. 물론 전제자 자신은 어떤 경우에서라도 공공연하게 이와 같은 경멸을 보편적 원칙으로 확립하지는 않는다. 전제자가 자기만의 내재성의 울타리 안에 가둬 놓는 이들은 유대인, 검둥이 혹은 원주민일 뿐이다. 그의 수하와 병졸에게는 다른 언어를 사용한다. 만약 개인이 순전히 0이기만 할 정도로 미미한 존재가 되어 버리면, 이 0들을 합한 것도 0에 불과하게 된다. 중요한 의미를 띠는 과업이란 게 없으니 의의도 존재하지 않으며, 승리라고 할 것도 패배랄 것도 없게 된다. 수령 혹은 권위주의적 정당은 군대의 헌신을 호소하기 위해 그들의 야수적 압제를 받아들이는 사람에 반대되는 진리가 존재한다는 사실을 이용할 것이다. 다시 말해 개인의 값어치는 오직 자기를 넘어서는 것을 통해서만 주장될 수 있다는 것이다. 이것이 바로 독재 체제가 쉽게 이용해 먹는 헤겔의 교설 중 하나다. 그리고 파시스트 이데올로기와 마르크스주의 이데올로기가 합치되는 곳이 바로 여기다. 인간 해방을 목표로 하는 교설이 개인에 대한 경멸에 의존할 수 없다는 것은 분명하다. 그러나 집단에 종속되는 것 이외의 다른 구제책이란 없다는 점을 그에게 보여 줄 가능성도 있다. [여기서는] 무한한 것으로의 변이가 아니라면 유한한 것은 아무것도 아닌 게 되고 만다. 만일 개인의 죽음이 생의 유한성을 뛰어넘는 기투, 즉 개인의 생명을 넘어 계급 안에, 사회주의 국가 안에 거하는 본질적 생명의 기투의 일부로 통합된다면 개인의 죽음은 실패로 여겨지지 않게 된다. 만일 개인이 자기를 희생하도록 동의하게끔 교육받으면, 대의를 지지하기 위해 자기를 포기하는 병사는 기쁘게 죽게 될 것이다. 하지만 자기희생은 그런 식으로 아무것도 아닌 게 되어 버린다. 사실 이것이 어린 히틀러주의자들이 목숨을 버린 방식이다. 우리는 얼마나 많은 교훈적 연설들이 다음과 같은 철학을 고무해왔는지 알고 있다. 자기를 상실함으로써 자기를 발견하게 되고, 자기를 죽임으로써 자기 삶을 성취하며, 예속을 받아들임으로써 자유를 실현한다는 철학 말이다. 인간의 모든 지도자들은 이런 방식으로 설교해댄다. 그리고 이런 말에 귀 기울이지 않으려는 사람들이 있기라도 하면 그들은 곧바로 틀려먹은 인간이나 겁쟁이로 몰린다. 그리하여 누구도 그들을 염려해 줄 가치가 없는 사람이 되어 버린다. 용감한 사람은 자기의 자유의지대로 즐겁게 죽는다는 것이다. 반면에 죽음을 거부하는 자는 죽임을 당해야 마땅하게 된다. 바로 여기서 우리가 고상한 방식으로 풀어냈던 문젯거리를 얻게 되는 것이다.

그런데 이러한 편의적 해결책은 자아 투쟁이 아닌가 하고 의문을 가질 수 있을 것이다. 헤겔에 있어서 개체적인 것은 절대 정신의 역사에서 일개 추상적 계기일 뿐이다. 이러한 견해는 헤겔 철학 체계에서 으뜸의 자리에 있는 직관, 즉 현실적인 것과 이성적인 것이 동일하다는 것에 의해 설명된다. 그런데 그것은 인간 세상에 있는 감각 가능한 두꺼운 두께를 텅 비게 만든다. 만일 여기 지금의 진리가 공간과 시간일 뿐이고, 진리로서의 어떤 대의가 다른 것으로 변화해가는 과정에 불과한 것이라고 한다면, 생의 개별적 실체에 집착하는 것은 분명히 오류이며 부적절한 태도가 될 것이다. 헤겔 윤리학의 본질적 계기는 의식이 나와 다른 것을 인식하는 순간에 존재한다. 이러한 작용 과정에서 타자는 나와 동일한 것으로 인식된다. 이는 자기 홀로 인식하게 되는 자아의 보편적 진리이다. 그런 식으로 개체성은 부정되며, 그것은 자연적이고도 우연적인 차원 외에는 더 이상 다시 나타날 수 없다. 그러므로 도덕적 구제는 나 자신과 동일하게 설정되고 있는 타자를 지향하면서 자기를 뛰어넘는 활동에 있게 될 것이다. 나아가 그러한 타자마저도 또 다른 타자를 지향하면서 스스로를 뛰어넘는 활동을 한다는 것이다. 만일 이 과정이 무한하게 계속된다면, 전체성은 결코 달성될 수 없게 되고, 동시에 현실적인 것도 그와 같은 정도로 줄어들게 될 것이리라는 사실을 헤겔은 잘 알고 있었다. 사람이 어리석지 않고서는 다음 세대를 위해 각 세대를 무한히 희생시킬 수는 없다. 그리되면 인류 역사는 긍정적인 것으로는 결코 회귀하지 못하는 끝없는 부정의 연속에 불과하게 된다. 그렇게 모든 행위는 파괴될 것이고 삶은 공허한 공상이 될 것이다. [그러므로] 우리는 [헤겔의 철학이 그러듯이] 현실적인 것이 회복될 것이고 모든 희생자들이 절대정신 내에서 긍정적 형식을 발견하게 될 것이라는 사실을 받아들여야만 할 것이다. 그러나 몇 가지 난제 없이는 이것이 작동하지 않는다. 절대정신은 주체다. 그런데 주체란 누구인가? 데카르트 이후 주체성이 근본적으로 [개체로서의] 분리를 의미한다는 사실을 무시할 수는 없지 않은가? [절대정신으로서의] **저** 주체란 조화롭게 화합하는 미래의 **바로 저**the 사람들이라는 사실을 모순을 대가로 해서라도 받아들여야 한다면, 주체들로 존재하는 게 아니라 현실적인 것으로서의 **실체**substance로 존재하는 것으로 입증된 오늘날의 사람들은 위에서 말한 화합의 가능성을 영원히 거부한다는 점이 분명하게 인정되어야 한다. 게다가 헤겔조차도 움직임 없는 미래라는 생각에서 손을 뗐다. 왜냐하면 정신이란 쉼 없는 것이며, 투쟁과 화해의 변증법은 결코 멈춰질 수 없기 때문이다. [이런] 정신이 예견하는 미래는 칸트의 영구 평화가 아니라 무한한 전쟁 상태다. 이 전쟁은 각 개인이 자기를 국가의 선물로 제공하는 식의 일시적 악으로는 더 이상 나타나지 않을 것이라는 점은 분명하다. 그러나 여기에는 분명히 약간의 교묘한 속임수가 존재한다. 대체 **무슨 이유로** 각자는 현실적인 것을 달성할 수 없고, 전체성을 회복시킬 수 없다는 이유를 들먹이며 개인을 선물로 바치는 국가의 행태에 동의하게 되었을까? 저 전체 체계가 거대한 신비처럼 보였던 것이다. 왜냐하면 그것은 [체계의] 모든 단계들을 언제 도래할지 모르는 목적 달성의 그때에 종속시키기 때문이다. [이 거대한 신비 덕에] 개인은 자신을 포기하게 된다. 그러나 자신을 포기할 수 있게 하는 생각으로는 그 어떤 현실도 지지되거나 회복되지 않았다. 이러한 변증법에 달통하게 됨으로써 우리는 [억지라고] 폭로됐던 궤변으로 다시 돌아오게 된다. 개인이 아무것도 아니라면, 사회 역시 [의미를 지닌] 무언가가 될 수는 없는 노릇이다. 국가가 개인에게서 그의 실체를 빼앗아가 버리면, 그 나라는 더 이상 어떤 실체도 지니지 못하게 된다. 만약 개인에게 희생시킬 것이 아무것도 없다면, 희생이라고는 없게 된다. 헤겔주의적 충만성fullness은 즉시 부재로서의 무nothingness의 길로 통한다. 그리하여 바로 이 장엄한 결핍이 다음과 같은 진리의 앞길을 환히 비춘다. [헤겔적] 주체만이 그 자신의 실존을 정당화할 수 있다. 외재하는 그 어떤 주체 및 대상도 그를 구원할 수는 없다. 그는 아무것도 아닌 것으로 인식되지 않는다. 왜냐하면 그의 내부에는 모든 사물에 대한 의식이 담겨 있기 때문이다.

따라서 허무주의적 회의주의와 합리주의적 낙관주의 모두 희생이라는 쓰라린 진실을 없애는 요술을 부리지 못한다. 게다가 이런 생각들은 희생을 바라게 되는 모든 이유들을 없애 버리기도 한다. 어떤 사람은 젊은이란 모름지기 자기 집, 일 그리고 그가 살아왔던 모든 과거를 [버리고] 떠나야 한다고 이야기한다. 그렇기 때문에 눈물을 흘리며 한탄이나 떠대는 젊은이는 약해 빠진 거라며 다음과 같이 말한다. "치료를 해라. 쉬는 건 중요하지 않다." 그러면 젊은이는 이렇게 응수한다. "그러나 만일 중요한 게 아무것도 없다면, 도대체 뭣 하러 치료한단 말인가요?" 그 말이 맞다. 어떤 중요성을 지닌 이 세상을 위해, 의미 있고 희생할 가치가 있는 과업을 위해, 우리는 이 세상이 구체적이고도 특별한 두께를 지니고 있음을, 그리고 우리의 기투와 우리 자신이 개체적 현실임을 확신해야만 한다. 여러 민주주의 사회에서 이해하고 있던 사실이 바로 이 점이다. 이 사회는 시민들 각자가 저마다의 가치를 확고히 하도록 장려한다. 세례식, 결혼식, 장례식과 같은 모든 의례는 집단이 개인에게 경의를 표하는 것이다. 재판 의례는 사회 구성원이 지닌 특수성을 경시하지 않기 위해 사회가 개인에게 표하는 존경이다. 폭력이 행해진 이후 혹은 행해지고 있는 동안 사람들은 물건과 같이 취급되는데, 그 경우 우리는 인간의 생명이 어떤 경우에 있어서는 희생될 수 있는 것으로 재발견하게 된다. 이러한 재발견은 우리를 경악하게 만들거나 심지어는 분노에 휩싸이게 한다. 수백만 명의 사람들을 짐승처럼 죽이고 냉혹하게 학살한 사람들에게 판결을 내리는 것에 법정은 왜 그렇게 주저하고, 재판은 또 왜 그리 오랫동안 계속되고 있는 걸까? 좋든 싫든 맹목적인 폭력에 의지해야만 하는 절박한 순간이 지나면, 민주주의 사회는 개인 안에 깃든 권리를 다시 세우는 것을 목표로 삼기 때문이다. 민주주의 사회는 구성원에 대한 존중의 마음을 복구해야 하며, 그것도 구성원 하나하나로부터 얻어낸 각자에 대한 존엄의 마음을 그 어느 때보다도 많이 복구해야 한다. [국가의] 군인은 다시 [폴리스의] 시민이 되어야 한다. [국가 아닌 민주적 공동체로서의] 도시가 이와 같은 [각 구성원에 대한 존중이라는 민주주의의] 방식으로 존속되고 헌신에 의해서 지속될 수 있도록 말이다.

그런데 만일 개인이 유일하고 환원 불가능한 가치로서 확립되면 희생이라는 말은 그것이 지닌 모든 의미를 되찾는다. [이런 상태에서라면] 인간이 자기 계획, 미래, 인생을 단념함으로써 상실하게 된 것은 더 이상 하찮은 것으로 여겨지지 않는다. 비록 어떤 사람이 자기의 삶을 정당한 것으로 만들기 위해서 인생의 행로를 제한하기로 동의해야만 했다 해도, 심지어 그가 죽음을 받아들이겠다고 결단을 내렸다 해도, 이러한 수락에는 말할 수 없는 고통이 존재한다. 왜냐하면 자유는 그것의 절대적 회복뿐만 아니라 자유의 운동이 무한히 연장되어야 한다고 요구하기 때문이다. 이런 무한한 운동을 통해서 자유는 자기의 모습으로 되돌아와 더욱 견고하게 존재하고자 하는 것이다. 그리하여 이제 죽음의 질주는 종지부를 찍게 된다. 영웅은 미래의 완수를 향해 죽음을 초월할 수 있다. 하지만 그는 저 미래에 존재하지 못하게 될 것이다. 만일 영웅주의의 참된 가치를 회복시키고자 원한다면, 우리는 먼저 위와 같은 사실을 이해해야만 한다. 이것은 자연스럽지도 쉬운 일도 아니다. 물론 영웅은 비통함을 이겨내며 자기희생을 감행할 수 있을 것이다. 그럼에도 불구하고 자기희생은 완전한 포기다. 우리와 특별한 인연으로 가깝게 묶여있던 어떤 이들의 죽음은 온전히 그들만의 것이면서 그 무엇으로도 환원 불가능한 불행으로 여겨질 수 있어야 비로소 동의할 만한 것이 될 것이다. 인간에 대해 집단주의적 관점을 갖고 있는 사람은 사랑, 다정함, 우정과 같은 감상이 타당하게 존재할 수 있다는 점을 수긍하지 못한다. 개인이라는 추상적 정체성은 단지 동지애로서만 인가될 뿐이다. 그것을 통해서만 각자는 다른 이들과 연결된다. 저마다 다른 이들은 행진, 합창, 집단 노동 및 투쟁을 하는 가운데 모두 같은 존재로 여겨진다. 그래서 아무도 죽지 않는다는 것이다. 이와 반대로 개인들이 서로 다르다는 점을 인식한다면, 그리고 개인적 관계가 이런 다름 속에서 세워진다면, 각자는 몇몇 타인들로 대체될 수 없게 된다. 나아가 폭력은 사람들이 동의해 주었던 희생이라는 쓰라린 고통을 세상에 선동하지 못한다. [그런데] 이런 고통은 반역과 거부의 행위 속에서도 겪는다. 승리를 욕망하기에 고통스러운 희생의 대가를 치러야 한다는 점을 알고 있는 사람이라도 '왜 타인의 피가 아닌 내 피로 그래야만 하는가?', '왜 내 아들이 죽어야만 하는가?'와 같은 의구심을 품을 수 있다. 우리는 이미 모든 투쟁이 우리의 승리에 대해 아무런 관심도 없으며, 솔직히 말해서, 우리의 승리를 재난이라며 거부하는 사람들을 어쩔 수 없이 희생시킨다는 사실을 알고 있다. 이들은 경악과 분노 혹은 절망 속에서 죽음을 맞이할 것이다. 폭력이 불운한 사건으로 경험되는 까닭에, 폭력은 그것을 행하는 사람에게 범죄로 여겨진다. 이런 이유로 생쥐스트*—그는 개인의 가치에 대한 믿음을 지닌 동시에 모든 당국이 폭력이라는 점을 알고 있었다—는 "그 누구도 죄를 짓지 않고서는 통치하지 못한다"고 음울하지만 분명하게 말한 것이다.

모든 통치자가 이러한 고백을 하는 용기를 지닌 것은 아니라는 사실은 짐작할 수 있을 것이다. 게다가 이 점을 그렇게 큰 소리로 말하는 것은 오히려 위험할 수도 있다. 그래서 그들은 이

---

*루이 앙투안 레옹 드 생쥐스트(Louis Antoine Léon de Saint-Just, 1767~1794)는 로베스피에르 등과 함께 혁명을 이끌었던 사람이다. 그는 공포정치를 적극적으로 옹호하면서 '혁명의 적'을 가차 없이 숙청하였다. 이러한 급진성으로 인해 그는 테르미도르 반동에 직면하게 되고 끝내 단두대에서 처형된다.

범죄를 숨기려 든다. 그들은 자기네의 법률에 순종하고 있는 사람들이 이 점을 알아차리지 못하도록 조금이라도 은폐하려고 노력한다. 만일 그들이 저 범죄를 전면적으로 부정하지 못할 지경에 몰리게 되면, 그들은 그것을 정당한 것으로 만들려고 시도한다. 가장 근본적인 정당화는 그것이 필연적인 일이었음을 증명하는 일일 것이다. 그럴 경우 이것은 범죄가 아니라 숙명이 된다. 설령 목적이 필연이라는 관점에서 가정된다 할지라도 수단의 우연성은 지도자의 결정을 임의적인 것으로 만들어 버린다. 나아가 각 개인이 겪은 고통은 정당화될 수 없는 것이 되어 버린다. 점진적인 개혁 대신에 피비린내 나는 혁명이 발생하는 이유는 무엇일까? 그리고 과연 누가 감히 일반적 계획에 따라 요구되는 익명의 희생자를 지목할 수 있단 말인가? 이런 태도와는 반대로 단 한 가지 가능성만이 보인다면, 그러니까 역사의 전개란 운명적인 것이라고 간주된다면, 선택에 대해 번민, 유감 혹은 분노를 품을 여지란 아예 없게 된다. 봉기는 더 이상 어떤 식으로도 끓어오르지 못하게 된다. 이것이 역사적 유물론을 흔들림 없는 교설이 되도록 만든 것이다. 주관적 변덕이나 객관적 기회와 같은 골치 아픈 생각은 이렇게 제거된다. 독재자의 생각과 목소리는 단지 거대역사History의 운명적 절박성을 반영할 뿐이라는 것이다. 그러나 이러한 신념이 살아있는 동시에 유효하려면, 지도자의 주관성에 그 어떤 성찰도 섞어 넣어서는 안 된다. 만일 지도

자가 주어진 상황을 성찰할 뿐만 아니라 그것을 해석하게 되면, 그는 '나 자신을 신뢰하는 나는 도대체 누구란 말인가?'라는 번민의 먹이가 되어 버린다. 게다가 지도자를 따르던 병사의 눈이 열리면, 그 역시 의문을 갖게 될 것이다. '나에게 명령하는 그는 도대체 누구란 말인가?' 그는 예언자이기는커녕 전제자보다도 나을 게 없는 수준으로 앞날을 전망한다. 이런 까닭에 모든 권위주의적 정당은 사유를 위험한 것으로, 성찰을 범죄로 간주한다. 사유로 인해 범죄의 범죄성이 세상에 밝혀지기 때문이다. 이것이 쾨슬러*가 『한낮의 어둠』에서 말한 바 중 하나이다. 루바초프는 쉽사리 고백에 빠져든다. 왜냐하면 그는 주저함과 의구심이 가장 극단적이고도 변명의 여지가 없는 잘못이라고 느끼기 때문이다. 주저함과 의구심은 객관성이라는 세계의 지반을 변덕스러운 불복종의 행위보다 더 많이 훼손한다. 구속, 숙청, 살인, 추방이 아무리 잔인하게 이루어져도 모든 체제에는 반대자들이 존재한다. 성찰, 의구심 그리고 논쟁은 이들 사이에서 발생한다. 비록 반대자가 틀렸다 해도, 그의 오류는 진리의 빛을 가져다준다. 이른바 이 세상에 오류와 주체성을 위한 자리가 존재

---

*아서 쾨슬러(Arthur Koestler, 1905~1983)는 헝가리 부다페스트에서 유대인 부모 아래 태어나 영국에서 활동한 문인이자 언론인이다. 1931년 독일 공산당에 참여했다가 스탈린적 전체주의에 환멸을 느껴 1938년 탈당한다. 『한낮의 어둠 Sonnenfinsternis』은 혁명에 투신했다가 배반당하는 루바초프라는 인물을 통해 전체주의 체제의 야만성을 고발하는 작품이다.

하게 되는 것이다. 그가 옳든 그르든, 그는 승리한다. 그는 권력을 지닌 사람들도 실수를 범할 수 있음을 보여주는 것이다. 게다가 권력자들은 그 점을 알고 있다. 그들은 자기들이 주저한다는 것과 자기들이 내린 결정이 위험하다는 점을 알고 있다. 필연성이라는 교설은 신념보다 더 좋은 무기다. 만약 권력자들이 이 무기를 이용하고자 한다면 그렇게 할 것이다. 왜냐하면 권력자들은 병사들이 그들이 원하던 방식과는 다르게 행위하여 그들을 거역할 수도 있다는 점을 잘 알고 있기 때문이다. 권력자들은 병사들이 자유로운 존재라는 것을 잘 알고 있다. 그래서 그들은 [필연성의 이름으로] 병사의 자유에 족쇄를 채우는 것이다. 이것이 권력자가 병사에게 부과하는 첫 번째 희생이다. 사람들의 해방을 성취하기 위해서 병사는 자기만의 자유를, 심지어 생각의 자유마저도 포기해야만 한다. 이러한 폭력을 은폐하기 위해 권력자들이 하는 일은 새로운 폭력에 의존하는 것이다. 그것이 설령 병사의 정신을 침해한다 해도 말이다.

　분명하게도 자기 목적을 확신하는 빨치산은 그럼에도 불구하고 이러한 폭력이 유용하다고 응수한다. 그가 이때 들먹이는 정당화는 대체로 모든 행위를 격려하고 합법적인 것으로 만든다. 보수주의자들부터 혁명가들에 이르기까지 그들은 이상적이고도 도덕적인 말들이나 현실적이고도 긍정적인 어휘들을 사용하면서 폭력의 무도함을 유용성이라는 이름으로 변명한다. 행위가 제안된 목적에 따라 요청되는 것인 한, 행위는 이전에 일어난 사건에 의해 숙명적으로 지시된 것이라 할 수 없다. 하지만 이러한 사실은 [그에게] 문젯거리도 되지 않는다. 이 목적은 그것에 종속되는 수단을 확립한다. 그리고 이러한 종속 덕분에 인간은 희생을 피할 수 없게 되지만 그것을 정당한 것으로 만들 수 있다. 행위의 인간에게 중요한 것은 바로 이 점이다. 그는 생 쥐스트처럼 결백함이란 없다는 점을 받아들인다. 그에게는 범죄 자체보다도 혐오스러운 것이 범죄의 임의성이다. 만일 희생자들이 과업에서 합리적으로 동의를 얻을 수 있는 여지를 찾아냈다면, 그들은 결정의 고뇌와 후회에서 벗어나게 된다. 그들은 이 과업을 무슨 일이 있어도 성공해내야만 한다. 실패는 그것을 단순한 살인과 파괴를 넘어 정당화되지 못할 만행으로 변질시킬 것이다. 살인과 파괴는 헛되이 수행되었기 때문에. 그렇지만 [성공으로 얻은] 승리는 그것이 초래한 모든 불행한 사건들에게 의미와 유용성을 선사한다.

만약 **유용하다**는 말이 그 자체로 절대적인 의미를 갖게 되면 그 지위는 더할 나위 없이 만족스럽게 확고해진다. 우리가 이미 살펴본 바와 같이, 진지함[=엄숙함]의 영혼을 가진 사람의 특징은 대업 혹은 대의명분을 무조건적으로 이루어내야 하는 존엄한 목적의 자리에 올려놓음으로써 그것에 특정한 의미를 부여한다는 데 있다. 그렇게 하여 발생하는 문제는 오직 기술적인 것에 불과하게 된다. [여기서] 수단은 효율성, 속도 그리고 경제성에 따라 선택된다. 수단의 선택은 단순히 시간, 비용 그리고 성공 가능성이라는 요소들의 관계를 측정하는 문제가 되어 버린다. 게다가 전쟁 기간 동안의 훈육 질서에서 부하들은 그러한 계산 문제에 온 힘을 기울였다. 그들은 오직 막료들만 생각했던 것이다. 병사는 목적 자체 혹은 목적 달성의 수단 모두에 대해 의구심을 갖지 않는다. 그는 아무런 토론도 없이 순종한다. 그러나 전쟁의 기술과 정치의 기술에 존재하는 차이점은 거기에 활용되는 재료가 인간이라는 점에 있다. 인간의 노동이 단순히 상품으로 치부될 수 없는 것과 마찬가지로 인간의 노력과 생명은 맹목적 도구로 다루어질 수 없다. 인간은 목적을 위한 수단이기도 하지만 인간 자체가 목적이기도 하다. 유용하다는 단어는 **보어**를 필요로 한다. 보어의 자리에는 오직 인간 자체만이 자리할 수 있다. 만일 교묘한 선전책이 병사인 그가 인간의 대의, 나아가서는 자신의 대의에 헌신하는 중이라고 설득해내지 못한다면, 아무리 잘 조련된 병사라도 항명을 하게 될 것이다.

그러나 인류Man의 대의가 각자의 대의일 수 있는 것일까? 이것이 헤겔 이후 공리주의 윤리학이 입증하려고 했던 내용이다. 만약 **유용하다**는 단어에 보편적이고도 절대적인 의미를 부여하고 싶어 한다면, 그것은 언제나 각자를 인류의 한가운데에 다시 흡수시켜 버리는 문제가 되어 버린다. 개인은 죽음에 직면했을 때 육체의 연약함과 특유한 두려움을 경험하지만, 개인의 이익은 일반의 이익과 어우러지면서 진짜가 된다는 것이다. 결과적으로 개체가 모두에게 묶여 결속하는 게 진리라는 것이다. 그러나 이것이야말로 개체의 존재 조건이 지닌 애매성이다. 개체는 다른 사람들을 위해 자신을 넘어서는 과정에서 자기를 위한 실존을 절대적으로 이룩한다. 각자는 모두의 해방에 이해관심을 가진다. 그러나 자기만의 기투에 종사하는 분리된 존재로서 그렇게 한다. '인류Man에게 유용하다' 혹은 '이 사람에게 유용하다'라는 말에 너무 집착하다 보면 이 둘은 결코 포개지지 않는다. 보편적이고 절대적인 인간이란 어디에도 없다. 이런 관점에 있게 되면 또다시 같은 모순에 봉착한다. 그것은 다음과 같다. 희생을 정당화시키는 유일한 것은 희생의 유용성이다. 그러나 유용함은 [구체적이고도 개별적인 현실의 인간이 아니라 추상적인] 인류Man에게 봉사하는 것이다. 따라서 몇몇 사람들에게 봉사하기 위해 다른 사람들에게 피해를 줘야만 하는 상황에 처한다. 이 두 선택지에서 우리는 도대체 어떤 원칙을 골라야만 한단 말인가?

여기서 다시 인간이 표적으로 삼아야 할 최고의 목적은 그의 자유라는 점을 명심해야만 할 것이다. 오직 그것만이 모든 목적의 가치를 확립시킬 수 있다. 그러므로 인간적 기투를 규정하는 안락, 행복 및 상응하는 모든 선들은 이러한 절대적 실현 조건에 종속된다. 한 인간의 자유는 목화나 고무 수확보다 더 중요하게 생각되어야만 한다. 비록 이러한 원칙이 실제로는 존중되지 않는다 해도, 보통 이론적으로는 인정되는 것이다. 그러나 문제를 어렵게 만드는 것은 하나의 자유와 다른 자유 사이에서 무엇을 부정해야 하는지를 선택하는 일이다. 모든 전쟁은 훈육을 전제로 하며, 모든 혁명은 독재를, 모든 정치적 행위는 어느 정도의 거짓을 상정한다. 행위는 살인에서부터 신비화에 이르는 모든 형태의 노예화를 포함한다. 그렇다면 행위는 모든 경우에 있어서 부조리한 것일까? 혹은 행위가 결과적으로 포함하게 되는 저 무도함 속에서 우리는 저것보다는 이것을 원하게 되는 근거를 발견할 수 있을까?

우리는 보통 수적으로 사고하게 된다. 모든 행위가 사람들을 수단일 뿐만 아니라 목적으로, 외재적 대상일 뿐만 아니라 내재성으로 처리한다는 점을 명확히 보여주는 기이한 타협을 통해 그렇게 된다. 한 명의 목숨보다 열 명의 목숨을 구하는 것이 더 낫다는 것이다. 결과적으로 우리는 인간을 목적으로 대한다. 하지만 인간을 목적으로 삼게 되는 근거를 수량적 사고에 두고 만다. 수량적으로 생각하는 게 곧 구성단위 각각의 긍정적 가치를 확립하는 길이라 여기기 때문이다. 하지만 이것은 계량화 가능한 가치, 즉 외재성을 확립하게 만든다. 나는 어느 칸트적 합리주의자를 알고 있다. 그는 한 명의 죽음을 선택하는 것은 만 명을 죽게 놔두는 것만큼이나 비도덕적이라고 힘주어 주장한다.

한 명만 죽더라도 무도하기 짝이 없는 일이라는 것은 분명하다. 그 점에서 그는 옳다. 만 명의 죽음은 결코 한 명의 죽음을 만 번 거듭한 것이 아니다. 곱하기는 주체성과 아무런 관련이 없는 것이다. 그가 옳게 지적했음에도 불구하고 그는 여럿에 의해 죽음을 선고받은 그 한 사람을 [숫자로] 세어볼 수 있는 대상으로 삼았다는 점을 잊고 있다. 이런 [수량적] 관점에서 보자면, 이 문제는 더 큰 숫자를 구하는 쪽을 택하는 게 논리적이라는 결론에 이르게 된다. 이러한 논리가 무도한 모순을 포함하고 있다는 것을 알고 있음에도 말이다. 게다가 이 문제는 다소 추상적인 곳에 자리하고 있다. 왜냐하면 저 한 명은 희한하게도 순전히 수량의 차원에 기초하여 선택되고 있기 때문이다. [희생양이 될] 누군가를 두고 주저하는 [수량적 사고의] 사람들은 사회에서 나름의 기능을 담당한다. 자기 병사들의 목숨을 아끼는 장군은 그들을 인간 재료로 비축하는 것일 뿐이다. 이 인간 재료는 내일의 전투를 위해 혹은 국가의 재건을 위해 아껴두는 게 유용하다는 것이다. 그래서 그는 때때로 수천 명의 민간인들을 죽이라는 선고를 내리기도 한다. 병사들 백 명이나 전문가들 천 명의 목숨을 아끼기 위해서라면 민간인들의 운명은 장군이 고민해야 할 일이 아니다. 한 가지 극단적인 사례가 다비드 루세*의 『죽음의 나날』에서 다음과 같이 묘사되고 있다. SS는 강제 수용소를 책임지는 구성원들로 하여금 가스실로 보내야 하는 수용자들을 지목하도록

오른편의 이어지는 쪽글

만들었다. 정치가들은 이러한 책임을 맡는 데 동의하였다. 왜냐하면 그들은 타당한 선택 원칙을 갖고 있다고 생각했기 때문이다. [그 원칙에 따르면] 우선적인 것은 자기 당 정치인들의 보호라는 것이었다. 나치당의 대의에 헌신했던 사람들의 목숨이 가장 유용한 것이었기 때문이다. 우리는 공산주의자들이 이러한 편파성으로 인해 광범위하게 비난받고 있다는 사실을 알고 있다. 하지만 누구도 학살이 극악무도하다는 사실에서 벗어날 방법이 없는 까닭에 할 수 있는 유일한 일이란 저 잔혹성을 가능한 대로 합리화하는 일뿐이었다.

우리는 결국 더 나은 쪽으로 나아가지 못하고 좀 더 유용해 보이는 것을 위해 덜 유용해 보이는 것을 희생시키는 게 좋다는 주장으로 물러나 버린 듯하다. 이것은 단지 유용한 것에서 유용한 것으로 이동하는 것에 불과하지만 여기에서도 우리는 무언가를 깨우치게 된다. 그것은 **유용하다**는 단어의 보어는 **인간**man 이라는 사실이다. 하지만 그것은 **미래**라는 단어가 될 수도 있다. 어떤 이가 존재하는 한 그는 인간이다. 퐁주의 정식에 의하면 그는 "인간이라는 미래"다. 사실 개인이 초월로부터 단절되어 현

---

*다비드 루세(David Rousset, 1912~1997)는 프랑스의 작가이자 정치 운동가다. 그는 부헨발트 수용소의 생존자로서 전체주의 체제에 대한 근본적 비판을 전개하였다. 이러한 비판은 스탈린 체제의 거부로 이어졌으며, 이로 인해 프랑스 공산주의자들의 반발을 샀다. 루세는 사르트르, 카뮈와 함께 혁명적 민주주의 운동이라는 신좌파계 정치 단체를 설립하기도 하였다.

존이라는 사실성으로 축소되면, 그는 무[=아무것도 아닌 것]가 되어 버린다. 자아의 달성은 그의 기투에 의해서 이루어지는 것이고, 자기를 정당화하는 작업은 그가 겨냥한 목적에 의해 이루어지는 것이다. 따라서 이 정당화 작업은 언제나 도래한다. 오직 미래만이 현재를 그 자체로 취할 수 있으며, 현재를 극복함으로써 그것을 생생하게 살아있게 할 수 있다. 선택―그것은 미래에 비추어 볼 때 [실현] 가능하게 될 것인데―은 미래의 의의다. 왜냐하면 현재는 자유를 향해 초월되어야만 하는 사실성으로서 현상하기 때문이다. 이러한 미래의 주권을 확신하는 것 없이는 어떤 행위도 생각해볼 수 없다. 그러나 우리에게는 여전히 [미래라는] 이 말의 밑바닥에 깔린 것에 대해 합의를 도출해야만 하는 과업이 남아있다.

4. 현재와 미래

미래라는 말은 존재를 결여하고 있는 동시에 실존하고 있다는 인간의 애매한 [존재] 조건이 지니고 있는 두 측면에 대응하면서 그 의미를 지니게 된다. 이 말은 존재일 뿐만 아니라 실존이라는 조건을 넌지시 암시한다. 내가 미래를 마음에 그려본다는 것은 다음과 같은 운동을 염두에 두고 있음을 의미한다. 즉, 오

늘의 내 실존을 계속 이어나감으로써 나의 현재적 기투를 완수
하는, 나아가 새로운 목적을 향한 지금의 내 기투를 뛰어넘게 하
는 운동말이다. 미래는 방향이 정해진 특유한 초월이며 그것은
현재와 아주 밀접히 묶여있다. 미래는 현재와 더불어 단 한 번의
일회적 모습을 만들어낸다. 하이데거는 현실을 순간순간 주어
지는 것으로 여겼는데, 이것이 바로 미래[의 모습]인 것이다. 그
러나 사람들은 여러 세기를 통틀어 이와 다른 미래를 꿈꿔왔다.
그들에게 미래는 영광, 행복 혹은 정의 속에 존재하는 것들로 상
기된다. 그것이 용인될 수 있을지도 모르겠다. 그러나 이런 미래
는 현재를 이어나감으로써의 미래가 아니다. 이런 식의 미래는
시간의 흐름이 갑자기 중단되고 대격변과 같은 징후로 고지되
면서 세상에 강림한다. 그와 같은 것으로는 구세주, 혜성, 최후
의 심판일에 울려 퍼지는 나팔 등이 있다. 그리스도교도들은 하
느님의 왕국을 천상에 옮겨 놓음으로써 미래가 지닌 일시적 특
성을 거의 박탈해 버렸다. 하지만 [이런 식의] 영원으로서의 미
래는 오직 그것을 믿는 자가 생을 마칠 때에만 기약되는 것이다.
18세기의 반그리스도교적 인본주의는 이러한 신화를 지상으로
끌어내렸다. 그리하여 미래에 대한 관념은 진보 관념을 통해 다
음의 두 측면이 융합하면서 좀 더 정교해졌다. 즉, 미래는 초월
이라는 의미로 나타날 뿐만 아니라 존재의 부동성으로 현상한
다는 것이다. 이것은 인간적인 것이고, 지상에 속한 것이며, 사

물로 이루어진 안식처다. 미래는 이런 모습으로 머뭇거리면서 헤겔과 콩트의 이론 체계에 반영된다. 또한 이런 식으로 형상화된 미래는 오늘날 세계the World라는 통일체 혹은 완전한 사회주의 대국socialist State이라는 식으로 호소되기도 한다. 양자 모두의 경우에서 저 거창한 미래the Future는 무한한 것이기도 하고, 전체성Totality—수적 측면에서의 전체성이면서 동시에 화해로서의 통일체라는 측면에서의 전체성—이기도 한 것으로 현상한다. 미래는 부정적인 것을 폐지하는 것이고, 충만함이며, 행복이라는 것이다. 어떤 사람은 희생이라는 것은 모두 언제나 이런 이름으로 요구되었던 게 아닌가 하고 생각할지도 모르겠다. 오늘날 사람들이 엄청나게 많이 희생당하는 덕에 이득의 기대량은 무한히 커져가고 있다. 미래가 긍정적인 얼굴을 하고 있는 것과는 달리, 현재는 그저 그 자체로써 제거되어야만 하는 부정적인 것에 불과한 것으로 존재하고 있다. 즉 [부정으로서의] 현재는 미래의 긍정성에 헌신함으로써 차후에 긍정적인 것으로 복권될 수 있다는 것이다. 현재는 폐지되기 위해서 만들어진 것으로 그것은 일시적으로 실존하는 것이다. 현재는 오직 미래적 존재의 영원성을 향해 제 자신을 초월함으로써만 되찾게 된다. 현재는 단지 도구와 수단으로서 존재한다. 그것은 도래할 미래를 실현시키는 효능을 지니고 있는 것일 경우에만 존재하게 된다. 현재 그 자체로 환원될 경우, 아무것도 아닌 것이 되어 버리기 때문에, 인간은 이런 식의 현재를 자기 좋을 대로 처분할 수 있다. 그것이 바로 '목적이 수단을 정당화한다', '모든 수단은 그것이 지닌 무관심성 덕에 인가된다'라는 정식의 궁극적 의미다. 따라서 어떤 이들은 만일 세계the World가 억압을 통해 완수되는 것이라면, 현재의 억압이란 중대한 일이 아니라고 생각한다. 그리하여 억압은 노동과 부의 조화로운 평형 상태 속에서 저절로 없어지게 된다는 것이다. 다른 이들은 다음과 같이 생각한다. 만일 일당 독재라는 수단 덕분에 사회주의 대국이 실현된다면, 거짓과 폭력으로 점철된 현재의 일당 독재는 중대한 문제가 아니라는 것이다. 사회주의 대국이 실현되면 독단과 범죄는 지상에서 영원히 사라질 것이기 때문이란다. 또한 다른 이들은 우유부단함과 타협은 중요한 문제가 아니라며 더 엉성하게 사고한다. 미래는 어떻게든 좋을 것이며, 그럭저럭 승리로 나아갈 것이기 때문이라는 것이다. 사물화된 거창한 미래a Future-Thing를 향해 기투하면서 자기들의 자유를 그 속에 침몰시킨 사람들은 진지함[=엄숙함]이라는 평정 상태를 발견하게 된다.

그러나 우리가 이미 살펴보았지만, 헤겔마저도 부동의 미래라는 관념에 현혹당하지 않았다. 헤겔의 이론체계가 그것을 요구하고 있음에도 불구하고 말이다. 그는 정신이란 쉬지 않으며, 투쟁은 결코 멈추지 않을 것임을 인정하기 때문이다. 마르크스는 사회주의 국가의 도래를 절대적 귀결로 여긴 게 아니라 실제 역사의 바탕을 이루고 있는 이전 역사의 종말로 생각했다. 그러나 미래의 신화가 타당한 것일 수 있기 위해서라면, 이 역사가 조화롭게 전개된다고 여겨질 수 있는 것만으로도 충분할 것이다. 이 전개 과정에 조응하게 된 사람들은 자신을 순수한 긍정성으로 완성하게 될 것이다. 하지만 이러한 꿈을 꾸는 것은 허락되지 않는다. 인간은 원초적으로 부정이기 때문이다. 사회 전복도, 도덕적 회심도 인간의 마음 깊숙이 자리한 이런 결핍을 제거할 수 없다. 인간의 실존은 자신의 존재를 결핍시킴으로써 이루어진다. 그리고 긍정적 실존은 이러한 결핍을 없애려는 것에서가 아니라 결핍을 떠맡는 것에서 비로소 존재하게 된다. 추상적 지혜는 실존을 바탕으로 삼아서는 건립될 수 없다. 추상적 지혜는 존재함은 외면한 채 존재자들 간의 조화만을 목표로 삼는다. 그렇게 해야만 부정성의 이런 부정을 완전히 끝장내는 즉자로서의 절대적 고요가 이루어지기 때문이다. 미래를 향해 자신을 내지르는 특유한 운동이 없다면, 인간은 실존하지 않는다. 그럴 때 [다양하게 이루어지는] 초월을 조화로운 모습으로 만드는 건 상상조차 할 수 없는 일이다. 초월은 순수 추상의 무심한 유순함을 지니고 있지 않기 때문이다. 그것은 구체적인 것이며, 존재함을 위해서 타자들과 구체적으로 경쟁함으로써 이루어지는 것이다. 초월이 드러내는 세상은 중립지대도 없고 구획으로 나뉠 수도 없는 전장이다. 저마다의 기투는 전체로서의 세상을 통해 표명되기 때문이다. 인간 조건의 근본적 애매성은 사람들에게 항상 반대되는 선택들의 가능성을 열어 놓는다. 이 선택들 속에는 자신의 존재성을 결핍시키고자 하는 욕망이 있는가 하면, 자유의 고뇌에서 도망질치려는 욕망도 있다. 지옥의 평원과 투쟁의 벌판을 결코 제거하지는 못할 것이다. 자유는 절대로 그냥 주어지는 게 아니다. 그것은 언제나 쟁취되어야만 하는 것이다. 이것이 바로 트로츠키가 영구 혁명의 미래를 꿈꾸었을 때 말하고자 한 바이다. 따라서 오늘날 모든 정당들이 세상은 여전히 전쟁 중이라고 선언하면서 그들의 정책을 정당화하려고 할 때 남용하는 말에는 그릇된 생각이 존재한다. 만일 누군가가 이것을 가지고 투쟁이 끝나지 않았다는 점을, 이 세상은 저마다 폭력적으로 대립하는 이해관계들의 먹잇감이 될 것이라는 점을 의도하려 했다면, 그는 진실을 말하고 있는 것이다. 그러나 그 역시 이런 상황이 정상이 아니며, 비정상적 행동을 요구한다는 점을 지적하려고 한 것이다. [하지만] 이것을 함축하는 정치는 오직 잠정적 형태만을 취하기 때문에 모든 도덕적 원칙을 배격할 수 있다. 언젠가 우리는 진리 및 정의와 일치하는 행위를 하게 될 것이다. 인류가 안정 상태뿐만 아니라 도덕성의 가능성을 다시 발견하게 될 때, 현재는 전쟁이라는 생각에 대립하여 미래는 평화라는 생각이 존재하게 된다. 그러나 분열과 폭력이 전쟁을 규정한다면 세상은 언제나 전쟁 상태로 남게 되며 앞으로도 항상 그럴 것이다.

그것이 진실이다. [그러나 이를 인정하지 않고] 만일 어떤 사람이 자기 실존을 타당하게 확립하기 위해 보편적 평화를 기다리고 있는 중이라면, 그는 한정 없이 기다리게 될 것이다. 이와 **다른** 미래란 결코 존재하지 않을 것이기 때문이다.

어떤 사람은 이러한 주장을 논박 가능한 존재론적 전제에 기초하고 있는 것으로 보고 이의를 제기할 수도 있다. 적어도 이러한 조화로운 미래는 어떤 경우에서든 우리 것이 되지 못하는 불확실한 꿈에 지나지 않은 것으로 여겨져야만 한다는 것이다. 미래에 대한 우리의 통제력은 제한적이다. 실존을 확장시키는 운동은 우리로 하여금 매 순간 그것을 증폭시키기 위해 분투할 것을 요구한다. 이 운동이 멈추는 곳에서 우리의 미래도 끝난다. 이를 넘어서는 더 이상 아무것도 나타나지 않기에 아무것도 존재하지 않는다. 그러한 형체 없는 어둠으로부터는 행위의 정당화를 이끌어 낼 수 없기 때문에 그것은 [우리의] 행위를 무심하게 책망한다. 그것은 오늘의 오류와 패배를 일소함으로써 승리마저도 그렇게 할 것이다. 그것은 파라다이스인 동시에 혼돈 혹은 죽음일 수 있다. 아마도 사람들은 언젠가 야만으로 되돌아갈 것이며, 언젠가 지구는 얼음 행성과 다름없는 것이 될 것이다. 이러한 관점에서는 모든 순간은 무와 존재마저 분간할 수 없는 상황 속에서 사라져 버린다. 인간은 자기 구제를 이처럼 불확실하고도 외래적인 미래에 맡겨 둬서는 안 된다. 미래는 그것을 자기의 고유한 실존 속에서 확인할 수 있는 사람에게 달려 있다. 우리가 말했던 대로, 이러한 실존은 미래의 확인으로서만 인식될 수 있다. 그렇지만 그 확인은 인간적 미래의 확인이자 유한한 미래의 확인이다.

　오늘날 유한성의 이런 의미를 수호하기란 쉬운 일이 아니다. 그리스의 폴리스와 로마의 공화국은 유한성에 머물러 있기를 바랐다. 왜냐하면 그것들을 에워싼 무한이란 암흑에 지나지 않기 때문이다. 그것들은 [유한성이 함축하고 있는] 저 무지로 인해 죽지만 그것으로 인해 살기도 하였다. 하지만 오늘날 우리는 죽음을 능가하는 데에 여념이 없기 때문에 힘든 삶을 보내고 있다. 우리는 세상 전체가 저마다 수행하는 과업에 관심을 기울이고 있다는 점과 우리가 하고 있는 기투의 공간적 확장이 그에 수반된 시간적 차원도 좌우한다는 사실을 알고 있다. 역설적 균형에 의해서 한 개인은 자기 인생 중 하루에 커다란 가치를 부여하지만, 도시는 일 년에, 세계the World의 이해관계는 수 세기를 두고 산정된다. 우리가 예상하는 인구밀도가 점점 더 커질수록 외재성이라는 관점은 내재성의 그것을 점점 더 자기편으로 끌어들이는 데에 성공한다. 나아가 외재성이라는 관념은 내재성의 관점을 수량적 관점으로 만든다. 따라서 측정 범위가 달라진다. 공간과 시간은 우리 주변 여기저기에서 확장되고 있다. 오늘날 백만 명의 사람과 한 세기가 일순간일 뿐이라고 여겨진다는 것은 사소한 일에 불과하다. 그러나 개인은 이러한 변화에 영향받지 않는다. 그의 삶은 동일한 리듬으로 유지되며, 그의 죽음은 그 앞에서 결코 물러나지 않는다. [그렇지만] 그는 [세계와 그 사이에 놓인] 거리를 없애고 자기 노력의 산출물을 증폭시킬 수 있게 하는 수단을 가지고 세계에 대한 통제력을 더 크게 만든다. 하지만 그는 일개인에 지나지 않는다. 그런데도 그는 한계를 받아들이는 대신 그것을 제거하려고 한다. 그는 만물에 의거해서, 만물에 대한 지식을 가지고 행위하기를 갈망한다. 보편 과학의 꿈은 18세기와 19세기를 통틀어 전개되었다. 이 과학에서 전체를 구성하고 있는 부분 요소들의 합을 드러내는 것 역시 보편적 힘을 승인하는 것이었다. 발레리*의 표현대로 라면, 이것은 "이성이 꿈꿨던" 몽상이었다. 그럼에도 불구하고 그것은 모든 몽상이 그러하듯이 공허한 것이었다. 현상에 관한 모든 것을 알고자 갈망하는 과학자는 전체성의 경계 안에서 이 문제를 해결하려고 할 것이다. 또한 대우주the Universe의 전체성에 의거해서 행위하고자 갈망하는 사람은 모든 행위의 의미가 사라지는 것을 보게 될 것이다. 나의 시선 앞에서 퍼져 나가는 무한성이 내 머리 위 푸른 천장으로 축소되는 것처럼, 나의 초월은 미래가 지닌 불투명성에 두께

*폴 발레리(Paul Valéry, 1871~1945)는 프랑스의 시인, 사상가, 평론가다. 말라르메의 상징시를 배워 20세기 초반에 저명한 시인으로 손꼽히게 되었다. 1920년대 이후로는 시보다는 산문과 평론에 전념하여 20세기 전반을 대표하는 유럽 지식인이 되었다.

를 더한다. 그러나 천지 간에는 모양과 색깔을 갖춘 지각 영역이 존재한다. 또한 나의 행위를 지시해주는 의미와 목적은 오늘의 나와 예상 불가능한 미래가 구분되는 사이 구간 속에 존재한다. 누군가 유한한 개인의 현재—현재는 세상이 존재하지 않고서는 있을 수 없다—를 세상 속으로 안내하면, 시간과 공간 사이를 헤집고 유한한 형태가 튀어나온다. 풍경은 이행하는 것일 뿐만 아니라 특정한 대상이기도 하지만, 역으로 사건은 흐름이기도 하지만 특정한 실재이기도 하다. 만일 누군가가 헤겔과 더불어 시공간의 보편성을 지지하면서 여기와 지금의 구체적 두께를 부정한다면, 그리고 절대정신을 옹호하면서 개체적 의식을 부정한다면, 그는 헤겔과 마찬가지로 세상의 진리를 놓치게 될 것이다.

거대역사History가 이성적 전체로 간주될 필요가 없는 것처럼 대우주Universe도 그러하다. 사르트르의 표현에 의하면 인간man, 인류mankind, 우주universe 그리고 역사history는 "탈전체화된 전체들"이다. 즉 분리는 관계를 배제하지 않으며, 그 역도 그렇게 하지 않는다. 사회는 오직 특정한 개인들의 실존 덕분에 존재한다. 인류의 모험이 시간이라는 배경에 맞서서 나타나듯이, 유한한 각자는 각각의 일생에 대해 그렇게 한다. 설령 이 개체적인 것들이 미래의 무한성에 열려져 있는 것으로 인해 그 개별적 형태가 서로를—파괴하는 바 없이—포함해도 말이다. 이런 생각은 역사란 이해 불가능하다는 관념과 모순되지 않는다. 왜냐하면 정신이 불연속적인 것의 우연적 부조리성과 연속적인 것의 합리주의적 필연성 중 하나를 선택해야만 한다는 입장은 틀렸기 때문이다. 이와 달리 정신의 기능 중 한 부분을 이루는 것은 정합적 총체의 다양성을 세상이라는 유일무이한 배경에 반하여 대조적으로 나타나게 하는 것, 그리고 반대로 정합적 총체를 세상의 이상적 통일이라는 관점 속에서 파악하게 하는 것이다. 예측과 그에 따른 행위가 가능할 수 있게 하는 데에는, 역사적 이해와 인과성의 문제를 제기하는 바 없이, 시간적 형식 안에서 인식 가능한 현재적 국면들을 인정하는 것으로 충분하다. 사실 우리가 고수하는 철학이 무엇이건, 그러니까 그것이 우리의 불확실성이 객관적이고도 근본적인 우연성을 선언하든 혹은 엄격한 필연성에 직면하면서 우리의 주체적 무지를 드러내든 상관없이 실천적 태도는 동일하다. 우리는 행위의 호기를 결정해야만 하며, 현존하는 모든 요인을 모르더라도 그것의 효과를 측정하려고 시도해야 한다. 현상을 이해하고자 하는 과학자도 이와 마찬가지로 행위한다. 그는 현상을 완벽히 설명해 내는 완전한 지식의 빛이 비칠 때까지 기다리지 않는다. 오히려 현상을 명백히 해명하는 과정에서 그는 완전한 지식을 확립한다. 마찬가지로 행위의 인간은, 결단을 내리기 위해서라면, 어떤 선택의 필연성을 입증할 수 있는 완벽한 지식을 기다리지 않을 것이다. 틀림없이 그는 우선 선택하고 그것에 맞춰 역사를 만들어 낼 것이다. 이런 식의 선택은 임의적이지도 가설적이지도 않다. 이런 선택은 성찰도 방법도 배제하지 않는다. 하지만 그것은 자유롭다. 그래서 이것은 위험들을 그 자체로서 떠맡아야만 한다는 것을 함축한다. 정신의 운동을 사유라 일컫든 의지라 부르든 간에 그것은 항상 암흑에서 시작한다. 결론적으로 말하자면 역사에 관한 절대과학Science이 존재하는가 여부는 실용적으로 말하자면 중요한 문제가 아니다. 왜냐하면 이런 절대과학은 미래가 끝나고 나서야 사람들에게 알려지는 것이기 때문에, 그리고 우리는 매 순간 닥쳐오는 특정한 사건에 대해서 어떤 경우든 의구심을 품으며 임기응변해 갈 수밖에 없기 때문이다. 공산주의자들은 거대역사의 엄밀한 변증법에도 불구하고 주관적 오류가 가능할 수 있음을 시인하고 있다. 거대역사의 엄밀한 변증법은 오늘날 완결된 모습을 드러내지 않고 있다. 그래서 그들은 거대역사의 발전을 예견해내야만 하는 상황에 몰려있다. 그러나 이런 예견은 틀렸다고 할 수 있다. 그러므로 정치적이고도 전략적인 관점에서 볼 때 순수 변증법적 필연성의 교설과 우연성의 여지를 남기는 교설 사이에는 아무런 차이점도 없을 것이다. 그 차이는 [정치적이고도 전략적인 관점에서가 아니라] 도덕적 질서로 이루어진다. 왜냐하면 전자의 교설의 경우에서 사람들은 미래에 포함되기 마련인 각 계기를 만회하는 것을 허용할 여지가 있다는 입장을 취한다. 그러므로 그들은 그것만 가지고 정당화하고자 갈망하지 않는다. 후자의 교설의 경우에서 유한한 미래만을 포함하는 각 과업은 유한성의 한계 내에서만 생명을 유지하는 것이 틀림없으며, 미지의 시간을 축적하는 일은 여태까지 한 번도 성공해 본 적이 없다는 점이 절대적인 사실로 여겨져야만 한다. 사실 역사의 통일을 단언하는 사람도 역사 속에는 기존의 것과 뚜렷이 구분되는 앙상블이 두드러지게 나타난다는 사실을 인정하고 있다. 그리고 이러한 앙상블의 특정성을 강조하는 사람은 이 앙상블이 단일한 지평에 대항하여 모든 것을 기투한다는 사실을 시인한다. 마찬가지로 세상에는 개체들뿐만 아니라 집단도 존재한다. 개인에 맞서 집단을 확신하는 입장은 개인들 각자가 자기를 위해 실존하면서 집단을 승인하는 입장을 사실의 차원에서가 아니라 도덕의 차원에서 반박하고 있다. [어느 경우에서든] 시간과 그 계기를 고려하고 있다는 사실은 동일하다. 그리고 우리가 믿는 바와 같이 개인은 각자를 하나하나씩 부정함으로써 집단을 제거하게 된다. 만일 사람이 무한한 미래를 추구하기 위해 자기를 포기한다면, 그는 그러한 미래를 소생시키지도 못한 채 자기의 실존을 상실해 버릴 것이라고 우리는 생각한다. 그리하여 그는 자기 그림자를 좇는 광인을 닮게 된다. 세간의 말대로 수단은 목적에 의해 정당화될 것이다. 그러나 목적을 규정하는 것은 수단이다. 그리고 만약 목적이 설정되자마자 그것이 모순된다면, 모든 것은 부조리 속으로 침몰하게 된다. 스페인, 그리스 그리고 팔레스타인에 관련해서 영국이 취한 태도는 다음과 같은 구실로 옹호되고 있다. 즉 이 나라들은 국가의 존망과 더불어 그들의 문명과 민주주의의 가치를 존속시키기 위해 러시아의 위협에 대항하는 역할을 받아들여야만 한다는 것이다. 그러나 억압의 행위들과 그에 맞먹는 권위주의적 체제만을 가지고 옹호되는 민주주의는 위의 모든 가치들을 부정한다. 문명의 가치가 무엇이든 간에 민주주의가 불의와 압제의 수단을 가지고 문명의 가치를 팔아 버린다면, 그 즉시 문명의 가치를 저버리는 것이다. 반대로 만일 목적을 정당화하는 작업이 신비한 미래라는 머나먼 목적을 향해 던져진다면, 그것은 더 이상 수단에 대한 성찰을 수반하지 않게 된다. 수단이 목적에 더 가까워지고 분명해질수록, 수단 자체는 겨냥된 목적이 된다. 이것은 신중히 생각하고 토의하여 원하게 되는 과정 없이 이런 지평을 봉쇄한다. 러시아의 승리는 국제적 프롤레타리아의 해방 수단으로 제안되고 있다. 그러나 이것[국제적 프롤레타리아의 해방]이 모든 스탈린주의자들의 절대적 목적이 되지 않고 있잖은가? 목적이 완전하게 현재적 사업의 과정 속에서 드러나고 있고 그것이 오직 현재에 남아 존재할 경우에만, 목적은 수단을 정당화시킬 수 있다.

사실 사람들이 미래에서의 실패를 부정하고 보장된 성공을 구한다는 게 참이라고 한다면, 그들이 시간의 무한한 비행을 거부하면서 현재를 단단히 틀어쥘 필요성을 느낀다는 것 역시 참이다. 자기 인생이 무를 향해 탈주하는 것으로서 규정되지 않기를 바란다면 실존은 반드시 현재 속에서 선언되어야만 한다. 이런 까닭에 여러 사회들은 축제의 역할을 [미래로의] 초월운동을 중지시키는 것, 즉 목표^{the end}를 단순한 종결^{an end}로 설정하는 것으로 삼는다. 예를 들어 파리 해방 이후의 시간은 [독일에 의한] 파리 점령이라는 특정 역사를 완전히 끝장낸 행복을 고양시키던 거대한 집단적 축제였다. 그 와중에 [축제의] 현재를 벌써부터 초월하여 미래에 겪게 될 고난을 우려하던 정신을 갖춘 사람들도 있었다. 이들은 새로운 문젯거리들이 곧 들이닥칠 것이라는 구실을 들며 [축제의] 현재를 향유할 것을 거부하였다. 그러나 이런 식의 불쾌한 예감^{ill-humor}은 [제대로 숙고되지 않고] 그저 독일의 패망하기를 바라기만 하던 사람들의 반응과 만났을 뿐이었다. 독일과의 싸움을 자기들 [인생]의 싸움으로 만들었던 모든 사람들조차도 어떤 미래가 닥쳐오든지 간에 승리는 절대적인 것이라고 여겼다. 불행이 다른 모습으로 곧 닥쳐오리란 것을 모를 정도로 순진한 사람은 아무도 없었다. 그러나 이러한 특정한 불행은 지구상에서 완전히 제거되었다. 공적일 뿐만 아니라 사적이기도 하다는 것이 축제의 근대적 의미*이다. 실존은 축제에서

---

*'근대적'이라는 말은 일차적으로는 중세 이후의 시대를 의미하지만, '이전과는 다른 새로운'이라는 의미도 함축되어 있다. 근대인들이 자신의 시대를 중세와 다른 새로운 시대로 이해하는 시대적 자기 인식을 가지고 있었기 때문이다. 따라서 '축제의 근대적 의미'는 '축제의 새로운 의미'를 함축한다.

자신을 실존으로서 적극적으로 확인하고자 한다. 바타유가 보여줬듯이 이런 이유로 축제는 파괴라는 특징을 지니게 된다. 존재의 윤리학은 축적의 윤리학이다. 어떤 사람은 축적을 통해 즉자가 보유한 부동의 절정을 추구한다. 이와 반대로 실존은 소비이다. 실존은 파괴를 통해서만 이루어지기 때문이다. 축제는 사물과 연관된 것으로부터의 독립을 뚜렷이 표명하기 위해 이러한 부정적 운동을 수행한다. 그리하여 사람들은 먹고, 마시고, 불을 댕기고, 때려 부수고, 시간과 돈을 남김없이 써 버린다. 남겨 두는 것은 아무것도 없다. 이런 낭비는 실존하는 것들^{existants} 간의 소통을 건립하는 문제이기도 하다. 왜냐하면 이들 간의 소통은 누군가에게서 다른 이로 옮겨 가는, 실존을 확인하는 인정의 운동에 의해 이루어지기 때문이다. 노래, 웃음, 춤, 에로티시즘, 취기에 빠짐으로써 사람들은 한껏 고양된 열광적 기쁨의 순간뿐만 아니라 다른 사람들과 연루되고자 한다. 그러나 순수한 부정성으로 구현되는 실존의 긴장감은 오랫동안 유지될 수 없다. 그것은 즉각 새로운 과업에 참여해야만 하고, 미래로 내달려야만 한다. 초연함의 순간, 즉 주관적 현재의 순수한 긍정으로서의 그 순간은 오직 추상에 불과하다. 환희가 소진되고, 취기가 피곤함으로 잦아들면 사람들은 아무것도 쥐고 있지 않다는 사실을 알게 된다. 현재를 가진다는 것은 불가능하기 때문이다. 이것이 바로 축제에 부여된 애처롭고도 기만적인 특성이다. 예술의 한 가지 역할은 실존의 이와 같은 열정적 표명이 [사라지지 않고] 좀 더 오래갈 수 있는 것으로 남게끔 고정시키는 것이다. 그래서 축제는 연극, 음악, 무용, 시의 기원이 된다. 이야기를 하거나 묘사할 때, 어떤 사람은 이야기의 시작과 끝, 영광이나 수치를 가지고 그것이 독특한 이야기가 되도록 만든다. 그리고 이것이 그런 이야기를 생생히 살리는 데 틀림없는 방법이다. 축제와 예술에서 사람들은 그들이 절대적으로 존재함을 느끼게 하는 욕구를 표현한다. 사람들은 이러한 소망을 실제로 성취해야만 한다. '끝'이라는 단어에 목적과 완수라는 이중적 의미를 부여하자마자 그들을 가로막는 것은 그들이 가장 근본적인 조건으로서의 애매성을 뚜렷이 인식하게 된다는 점이다. 생의 모든 운동은 죽음을 향해 미끄러져 간다. 그러나 만일 사람들이 이 사실을 [회피하지 않고] 기꺼이 대면하고자 한다면, 그들은 죽음을 향하는 모든 운동이 바로 삶이라는 사실을 깨닫게 될 것이다. 과거에 사람들은 "임금께서 승하하셨다. 임금님 만세토록 영원하소서long live the king"라고 외쳤다. 이 점에서 알 수 있듯이 현재the present는 죽음에 이르기 마련이고 그리하여 살아갈 수 있게 된다. 실존은 그 안에 담긴 죽음을 부정하지 말아야 한다. 실존은 바로 이런 유한성 속에서 절대로서의 실존을 주장해야만 한다. 인간은 일시적인 것the transitory 속에서 자아를 성취하거나 혹은 아무것도 성취하지 못한다. 인간은 자기의 과업을 유한한 것으로 여겨야 하는 동시에 이 과업을 절대적인 것으로 의지^{will}한다.

 이러한 유한성은 찰나이기만 한 것^{the pure instant}으로서의 유한성이 아니다. 앞에서 우리는 미래가 모든 행위의 의미이자 실체라고 말했다. 그 한계는 **선험적으로**^{a priori} 그려질 수 없다. 미래를 하루나 한 시간으로 한정하는 기투가 존재하기도 하고, 한두 세기 혹은 여러 세기를 통해 전개될 수 있는 체계 속에 끼워 넣어져서 한두 세기나 여러 세기 동안 구체적 영향력을 행사하는 [미래의] 기투도 있다. 어떤 사람이 억압당하는 원주민의 해방이나 사회주의 혁명을 위해 싸운다면, 그는 분명히 장기적 목표를 설정할 것이다. 그는 자기가 죽고 나서도 계속될 이 운동의 목표를 구체적 관점에서 세울 것이다. 그가 세운 목표는 연맹, 제도적 기관 혹은 정당이라는 구체적 형태를 취하게 만든다. 우리는 이러한 목표가 새로운 미래의 출발이라는 관점에서 정당화되기를 기대해서는 안 된다고 주장한다. 새로운 미래의 도래와 상관없이 흘러가는 시간에 대해 우리는 더 이상 영향력을 행사하지 못한다. 그렇다고 한다면 우리는 우리가 작업한 시간에 대해 어떤 것도 기대해서는 안 된다. 타인들은 [우리가 만들어준 미래상 아래에서가 아니라] 자기들의 고유한 기쁨과 슬픔을 살아가야만 할 것이다. 우리[실존주의]의 관점에서 보자면 목표^{the goal}는 일종의 종결^{an end}로 간주되어야만 한다. [하지만 그것은 단순한 종결이 아니다.] 우리는 목표를 향해 기투하는 자유에 근거하여, 즉 저마다의 목적을 종결해낸 운동의 앙상블을 가지고 우리의 목표를 정당화해야만 한다. 우리 자신을 위해 세운 과업들은 우리 생의 한계를 넘어선 것이기는 하지만 여전히 우리 것이다. 그런 까닭에 과업은 신비로운 거대한 역사적Historical 목적 속에서가 아니라 과업들 자체 안에서 의미를 찾아내야 한다.

그렇지만 오직 생생히 살아있는 동시에 유한한 미래 관념—그것은 일시적 형식으로 제한된 미래다—만을 보유하기 위해서 신비적 미래a future-myth라는 관념을 거부한다 할지라도, 행위의 이율배반은 없어지지 않는다. 즉 현재의 희생과 실패는 어느 시기에서도 보상받지 못할 것이며, 유용성은 더 이상 절대적인 것으로 규정될 수 없다는 이율배반 말이다. 그러므로 해야 한다고 선고된 행위조차 범죄적인 동시에 부조리한 행위라고 규탄하면서 얘기를 끝내 버릴 수는 없지 않은가.

5. 애매성

애매성이라는 개념은 부조리함이라는 개념과 혼동되어서는 안된다. 실존이 부조리하다고 선언하는 것은 의미가 주어질 수 있다는 사실을 거부하는 것이다. 반면에 애매하다고 말한다는 것은 실존의 의미가 결코 고정되어 있지 않고 계속적으로 쟁취되어야만 한다는 점을 확고히 함을 의미한다. 부조리함은 모든 윤리학의 관심을 불러일으킨다. 그렇지만 [부조리를 없애고] 현실을 이성에 부합하도록 만드는 작업을 완수해도 윤리학이 존재할 여지는 마찬가지로 사라진다. 인간의 [존재] 조건은 애매하다. 인간은 심지어 실패와 무도함을 통해서도 자신의 실존을 구하고자 하기 때문이다. 그러므로 행위는 그것의 진리 속에 생생히 살아 있어야만 한다고, 즉 행위에 함축되어 있는 이율배반을 의식해야만 한다고 말했다 해서 행위 자체를 포기해 버렸음을 의미하는 것은 아니다. 『플루타르크의 거짓말Plutarque a menti』에서 피에르포Jean de Pierrefeu는 전쟁에서 실패로 여겨질 수 없는 승리란 없다고 말한다. 왜냐하면 인간이 목표로 하는 대상은 적을 전멸시키는 것이지만, 이것은 결코 달성되지 못하기 때문이다. 그러나 전쟁에서 승리와 패배는 있다. 그렇다면 거기에는 어떤 능동성이 존재한다. 실패와 성공은 처음에는 잘 지각되지 않는 현실의 두 측면이다. 바로 그런 이유 때문에 비평은 참으로 쉽게 이루어지지만 예술은 참으로 어렵게 이루어질 수밖에 없다. 즉 비평가는 언제나 좋은 위치에서 예술의 한계를 볼 수 있지만, 모든 예술가는 [수많은] 선택 과정을 거쳐야만 [그 작품의] 한계점을 알게 되는 것이다. 회화는 조토Giotto di Bondone나 티치아노Tiziano Vecellio 혹은 세잔Paul Cézanne에게조차 완벽하게 주어지지 않는다. 그것은 수 세기에 걸쳐 추구되고 있는 것이며, 결코 완결되지 않는다. 회화에 있어서의 모든 문제가 해결된 그림은 참으로 생각조차 할 수 없다. 회화는 그 자체적 실재를 향한 운동이다. 그것은 맷돌을 헛돌리는 공허한 행위가 아니다. 회화는 각각의 캔버스 위에 절대적 실존으로서 자신을 구체화한다. 예술과 과학은 실패에도 불구하고 오히려 그것을 통해 자신을 건립한다. 즉 참과 거짓, 걸작과 졸작이라고 하는 것을 막지는 못하지만, 이런 평가는 인간적 자의식을 고수하는 방법을 터득했는지 여부에 달린 일이다. 실패는 어떤 경우에 있어서는 언제나 예비되어 있어 피할 수 없는 것이지만, 다른 경우에는 그렇지 않다고도 말할 수 있다.

　이러한 비유를 계속 밀고 나가는 것은 흥미로운 일이다. 그것이 흥미로운 까닭은 우리가 행위를 예술 혹은 과학적 이론 작업에 비유하고 있기 때문이 아니라 인간으로서의 초월이 일어나는 영역이라면 어느 경우에서든 동일한 문제를 다루어야만 하기 때문에 그러하다. 그 문제란 바로 자기 스스로를 건립해야 한다는 것이다. 비록 그 과제가 자신을 영원하게 완수하지 못하도록 훼방을 놓기는 해도 말이다. 이제 우리는 과학이나 예술 중 그 어느 것도 현재적 실존을 정당화하는 것을 미래로 미뤄놓지 않는다는 사실을 알고 있다. 어떤 시대에서도 예술art을 위대한 예술Art을 위해 미리 길을 닦아놓는 그 무엇으로 간주하지 않는다. 이른바 아카이아 시대의 예술*이라는 것이 고전주의**를 준비하기 위한 것이었다는 식의 견해는 오직 고고학자의 관점에서만 성립될 수 있는 것이다. 아테네의 코레상을 만든 조각가는 틀림없이 완결된 예술 작품을 만들었다고 생각했을 것이기 때문이다. 어떤 시대에서도 과학을 부분적이며 결함 있는 것으로 여기지 않는다. 그렇지만 과학은 자기가 발견한 지식이 세계의 완전한 표현이 될 수 있기를 항상 소망해오기는 했어도, 그것이 완전히 최종적인 것이라고 믿지는 않았다. 그래서 과학은 각 시대에서 고유하게 인정되는 타당성에 대해 문제를 제기하는 것을 과학에 있어서의 완전함으로 여기고 있다. 둘 중 어느 쪽에서든 여기서 우리는 인간이 자기의 유한성을 어떻게 떠맡아야만 하는가에 대한 범례를 발견하게 된다. 그것은 자신의 실존을 [그저] 잠정적이거나 상대적인 것으로 여기는 것이 아니라 그 속에 무한성이 담겨있음을 성찰하는 것, 즉 그것을 절대적인 것으

*아카이아Archaea 시대의 예술 양식은 기원전 7세기에서 기원전 5세기 초 무렵 사이에 있었던 것으로서 고대 그리스 고전기 예술 이전에 등장했다. 아카이아 예술의 시기는 그리스 본토를 넘어 지중해 곳곳에 폴리스를 건설하는 일이 많았다. 아카이아 시기의 예술가들은 알몸을 그리는 대신 몸에 착 감기는 의복 아래 드러나는 육체의 곡선을 은근히 묘사하는 조형미를 추구했다. 코레(kore: 소녀상)와 쿠로스(kouros: 청년상)가 이 시대의 대표적인 조형물이다. 이 시대는 귀족층의 권위에 차츰 평민이 도전을 하던 때였다. 이러한 배경 아래 귀족은 신분적 위엄을 드러내고자 했고, 아카이아 예술은 그에 부응하여 귀족적 탁월성arete과 절제sophrosyne의 기풍을 묘사하였다.

**그리스 고전기(기원전 6세기~기원전 4세기)에 성립된 예술 양식이다. 고대 그리스, 나아가 서양 미술의 이상적 미를 구현한 절정기라고 평가된다. 이 시기는 아테네 민주주의의 성립과 몰락의 시대와 같다. 이 시기의 대표적 예술가 폴리클레이토스Polykleitos는 인체의 이상적 비례를 규정한 『카논』을 저술함으로써 고전기 조각상의 규준을 이론적으로 제시하였으며, 이 이론을 적용하여 도리포로스(Doryphoros: 창을 멘 사나이) 상을 만들었다.

로 다루는 것이다. 예술은 모든 순간에서 스스로를 절대적으로 의지한다는 바로 그 이유에 의해서만 예술이 된다. 자유는 오직 그 자신을 목표로 삼는다는 바로 그 사실 속에서 절대적으로 성취된다고 한다면, 인간의 해방도 그 자체를 목표로 삼는 것에 존재하게 된다. 이것은 다음과 같은 사실을 요구한다. 즉 각 행위는 저마다 다른 국면들을 지닌 하나의 완결된 형식으로 여겨져야만 한다. 행위의 정당화를 미래에서 발견하기 위해 미래를 향해 달아나 버리는 대신, 서로의 행위들을 잘 성찰하고 확인하는 것이 현재와 미래, 수단과 목적 사이의 뚜렷한 구분을 더 이상 없어지게 하는 것이다.

　　그러나 만약 이렇게 저마다 다른 여러 국면들이 통일된 하나를 이룬다면, 그들 사이에는 아무런 모순도 없을 것임이 틀림없다. 목표로 삼고 있는 해방[운동]은 미지의 시기에 존재하는 어떤 **사물**이 아니라 정복하고자 하는 가운데 스스로를 실현하는 하나의 운동이다. 그런 까닭에 해방[운동]을 시작하는 것부터 부정당할 경우 그것은 달성될 수 없다. 행위의 바로 저 의미가 파괴된 상태에서라면 행위가 스스로 달성될 수는 없는 것이다. 그렇기 때문에 어떤 상황에서는 거부만큼 인간에게 중요한 사안은 없을 것이다. 정치적 현실주의라 일컫는 상황에서라면 거부가 존재할 여지는 없다. 그런 상황에서 현재는 일시적인 것으로 간주되기 때문이다. 거부는 인간이 자기의 실존을 [일시적인 것이 아니라] 절대적 가치로 요구할 경우에만 존재한다. 그때 인간은 이러한 가치를 부정하고자 하는 시도를 절대적으로 거부해야만 한다. 이러한 윤리학의 이름으로 자각을 이룬 오늘날의 우리는 열 명의 인질들을 구출하기 위해 한 명의 공산주의자를 넘겨줘 버렸던 사법관과 [이른바] "사안에 있어서 최선의 결과를 얻고 자" 했던 비시정부 인사들을 [똑같은 윤리적 죄악을 범한 이들 이라는 점에서] 한 묶음으로 규탄한다. 중요한 것은 독일 점령 기에 강요되었던 폭압적 현실을 수긍될 수 있게끔 합리적으로 만드는 게 아니었다. 오히려 그것을 무조건적으로 거부하는 것 이었다. 레지스탕스는 긍정적 효용성을 갈망하지 않았다. 레지 스탕스는 부정이었고, 반역이었으며, 순교였다. 자유는 이 부정 의 운동 속에서 긍정적이면서 절대적으로 확인되었던 것이다.

　어떻게 보면 부정적 태도를 취하기는 쉽다. 거부 대상이 명 확하게 주어지면서 반역의 대상은 분명해진다. 그러므로 프랑스 의 모든 반파시스트들은 점령 기간 동안 단일한 압제자에 공동으 로 저항하는 데 연합하였다. [그런데 부정에서] 긍정으로 되돌아 가자 [이전에는 만날 수 없었던] 훨씬 많은 장애요소들과 마주 치게 되었다. 지금의 프랑스에서 잘 드러나듯이 이 나라에는 예 전의 정당들이 그랬던 것처럼 분열과 증오가 되살아난 것이다. 거부의 국면에서는 행위의 이율배반은 사라진다. 그리하여 수단 과 목적은 서로 만나게 된다. 자유는 자유 그 자체를 고유한 목적

으로 설정하여 자유롭게 행위함으로써 그것을 실현한다. 그러나
자유가 저 멀리 떨어진 미래의 목적들을 제 스스로 다시 부여하
자마자 이율배반은 또다시 나타난다. 이렇게 주어진 것에 대해
[맹목적으로] 저항하는 과정에서 다양한 [부정]수단이 주어지
게 되는데 그럼으로써 어떤 사람들은 그들의 목적에 반하는 듯
한 상태에 이르기도 한다. 종종 반역만이 순수하다고 말해지기
도 한다. 모든 건설은 독재와 폭력이라는 무도함을 함축한다는
것이다. 다름 아닌 이것이 쾨슬러의 『검투사들』*이 다루고 있는
주제다. 스파르타쿠스가 상징하는 이러한 사람들은 무도한 행위
를 피하지 않으려다가 자아를 단념하고는 무력한 자가 되어 버리
고 만다. 그리하여 그들은 보통 진지함[=엄숙함]을 구성하는 가
치들에서 도피처를 찾는다. 이런 까닭에 집단뿐만 아니라 개인
들 사이에서 부정적 운동이 가장 순수하다고 인정되는 것이다.
낭만적 청춘 시기의 괴테, 바레스 그리고 아라공**은 모두 오만

*『검투사들Gladiators』은 아서 쾨슬러가 처음으로 쓴 소설이다. 이 작품은 로마
공화국에서 일어났던 스파르타쿠스 반란을 가지고 20세기 유럽 좌파들의 정치
적 이상이 왜곡되어 가는 현실을 빗대어 말하고 있다. 즉, 혁명에서 불가피하
게 발생하는 타협, 목적과 수단의 갈등, 추상적 목적을 위해 요구되는 희생의
정당성 등에 대한 물음을 제기하고 있는 것이다. 원래 독일어로 저술되었으나
전쟁 중 원고를 분실하여 1939년에 출판된 영어판을 토대로 복구되었다.
**모리스 바레스(Maurice Barrès, 1862~1923)는 프랑스의 작가 · 시사평론가 · 정
치가이고, 루이 아라공(Louis Aragon, 1897~1982)은 프랑스의 시인 · 작가이다. 전
자는 국가주의적 경향을 보였지만 후자는 반파시즘 운동에 참가하여 레지스탕
스 문화운동을 전개하였다.

하고 반항적이었다. 그 시기 그들은 낡아빠진 체제 순응주의를 산산조각내고 진짜 해방을 하자고 제안하였다. 비록 완수되지는 못하지만 말이다. 그렇지만 훗날 무슨 일이 벌어졌는가? 괴테는 국가의 시종이 되었으며, 바레스는 국가주의의 종복이, 아라공 은 스탈린주의적 체제 순응주의의 머슴이 되었다. 우리는 이미 가톨릭교회의 진지함[=엄숙함]이 그리스도 정신을, 그러니까 케케묵은 율법을 거부하고 믿음과 자선을 통해 신과 개인 간의 주관적인 영적 소통 관계를 가능하게 한 그리스도 정신을 어떻게 대체해 버렸는지 알고 있다. 종교개혁은 주체성의 반란이었다. 그러나 프로테스탄티즘은 진지한[=엄숙한] 노동이 신앙의 동요를 대체할 수 있다는 식의 객관적 도덕주의로 변해 버리고 말았다. 혁명적 인본주의에 관해 말해 보자면, 그것은 영구 해방이 함축하고 있는 긴장을 정말 드물게만 허용한다. 왜냐하면 혁명적 인본주의는 정당에 가입하여 그 구성원이 됨으로써 구원을 구매할 수 있는 일종의 교회를 창조했기 때문이다. 이는 구원이 세례식과 면죄부를 통해 어디에서든지 구매되는 것과 마찬가지라고 하겠다. 우리는 이미 진지한[=엄숙한] 것에 대한 이런 식의 의존이 거짓이라는 점을 살펴보았다. 왜냐하면 그것은 대업 Thing을 구실로 인간을 희생시키며, 대의명분Cause을 핑계로 자유를 희생시키기 때문이다. 긍정적인 것이 순수성을 회복하기 위해서는 부정성을 포함해야만 한다. 그리고 이러한 회복 작업은 수단과 목적, 현재와 미래 사이의 이율배반을 숨기지 말아야 한다. 수단과 목적, 현재와 미래 같은 것들은 영원한 긴장 속에 살아있어야만 한다. 우리는 폭력의 무도함[이라는 부담]으로부터 물러나서도 안 되며, 그것을 부정해서도 안 된다. 어찌 됐든 결과는 같다. 그러므로 이것을 사실로서 가볍게 인정하면서 감수해야 한다. 키르케고르는 바리새인은 자기의 고민을 미덕의 명확한 징표로 여기지만 진정하게 도덕적인 사람은 그렇지 않다면서 이 점이 바로 바리새인과 진정하게 도덕적인 사람을 구분해주는 것이라고 말했다. [바리새인인] 그는 "내가 아브라함인가?"라고 자문[하며 고민]한다는 사실로부터 "내가 아브라함이다"라고 [쉽게] 결론을 내린다.* 하지만 도덕성은 무한한 물음에 내포된 고뇌 속에 거한다. 우리가 제기하고 있는 물음은 키르케고르의 물음과 같은 것은 아니다. 우리에게 중요한 점은 주어진 조건 속에서 이삭은 죽임을 당해야만 하는 것인가 여부를 아는 것이다. 우리 역시 다음과 같이 생각한다. 즉, 전제자는 자기가 확실성 속에 거하고 있다고 여기지만 선의지를 지닌 인간은 "내가 정말로 사람들의 해방을 위해 일하고 있나? 내가 목표로

*바리새파는 율법에 어긋나는 것은 모든지 배척하는 근본주의적 종파였다. 예수는 이들의 율법 지상주의가 믿음의 형식화, 기만과 위선에 물든 행위를 초래한다고 비판하였다. 보부아르에 따르면, 키르케고르는 바리새인들이 선택의 기로에 있을 때 항상 '아브라함도 같은 선택을 했을까?'라는 고민에 빠지지만 이내 자신을 아브라함과 동일시하면서 도덕적 고민을 쉽게 해결하는 위선을 보이고 있다는 점을 지적하고 있다.

하는 것으로 인해 발생한 희생자들은 나의 이 목적에 대해 이의를 제기하고 있는 게 아닐까?"라고 자문한다. 바로 이 점에서 양자가 구분된다. 목적을 설정하는 데 있어 자유는 그 목적을 괄호 속에 묶어 둬야만 한다. 그리고 그것들을 각 단계에서마다 목적 그 자체를 구성하고 있는 절대적 목적과 대면시켜야만 한다. 나아가 목적 쟁취를 위해 이용되는 수단이 그 자체의 이름을 가지고 목적과 겨룰 수 있도록 해야 한다.

이런 식의 숙고는 추상성에 머무르고 있다고 말할 수 있을 것이다. 그렇다면 실천적으로 이루어져야 할 일은 무엇일까? 어떤 행위가 선한 것일까? 어떤 것이 악한 것일까? 이렇게 묻는 것 역시 물정 모르는 추상화에 빠지는 것일 게다. 우리는 물리학자에게 "어떤 가설이 참인가?"라고 묻지 않는다. 혹은 예술가에게 "아름다움이 보장되는 작품을 만들려면 어떤 방법으로 해야 하는가"라고 묻지도 않는다. 과학과 예술이 특별한 비결을 제공하지 않는 것처럼 윤리학도 그러하다. 우리는 단지 방법을 제안할 수 있을 따름이다. 따라서 과학에 있어서 기본적인 문제는 아이디어를 실질적 내용에 적합하도록 만드는 것이고, 법칙을 사실에 알맞도록 만드는 것이다. 논리학자는 만일 주어진 사실의 압력이 그것을 파악하게 해주었던 개념을 날려 버리게 되면, 사람들은 어쩔 수 없이 또 다른 개념을 창안해 낼 수밖에 없게 된다고 말한다. 그러나 논리학자는 이 창안의 순간을 **선험적으로** 규정할 수 없다. 그것은 예상 불가능한 채로 남아있다. 이와 유사하게 다음과 같이 말할 수 있을 것이다. 만일 행위 내용이 그것의 의의와 어긋날 경우, 우리는 지금 절대적으로 의지되고 있는 그 의의를 변경할 것이 아니라 내용 자체를 수정해야 한다고 말이다. 하지만 의의와 내용 사이의 관계를 추상적이고도 보편적으로 규정하기란 불가능하다. 각 경우에 따라 저마다 다른 시도와 결정이 있어야만 하는 것이다. 물리학자는 과학적 발견의 조건에 관해 성찰하는 것이 유익하다는 점을 깨닫지만, 예술가는 그런 식의 성찰에서 생길 수 있는 기성의 어떤 해결책을 기대하지 않는 것이 예술적 창조에 있어서 유익하다는 점을 알고 있다. 마찬가지로 행위의 인간은 자기 과업에 있어서 무엇이 타당한 조건인지를 알아내는 것이 유용한 일이다. 우리는 이 점을 바탕으로 하여 새로운 관점이 나타나게 된다는 것을 알게 될 것이다.

우선 개인 그 자체는 우리의 행위가 목표로 삼아야 하는 목적들 중 하나로 생각된다. 이 점에서 우리는 그리스도교적 자비, 우정에 대한 에피쿠로스주의적 숭배 그리고 개인을 목적으로 대우하라는 칸트적 도덕주의의 관점을 공유한다. [이 관점을 채택한] 그는 우리를 계급, 국가 혹은 집단의 한 구성원으로만 보지 않고 개인으로 여기면서 관심을 표한다. 바로 이 점에서 우리는 집단적 운명에 대해서만 마음 쓰는 체계적 정치인과 확연히 구분된다. 포도주나 마셔대는 부랑자나 풍선을 가지고 노는 아이 혹은 햇빛 아래서 빈둥거리는 나폴리의 거지[의 행복에 관심을 갖는 것]는 인간 해방에는 아무런 도움도 주지 못할 것이다. 바로 이것이 혁명의 추상적 의지가 구체적 자선을 경멸하는 이유다. 그것은 미래를 대비하지 않고 욕구만 만족시키는 데에 전념한다고 보기 때문이다. 그러나 자유와 실존 사이에는 구체적 연관이 존재한다는 사실을 잊어서는 안 된다. 인간이 자유로움을 의지한다는 것은 거기에 존재함이 있게 하고자 의지하는 것과 같다. 그것은 실존의 기쁨 속에서 존재를 드러내고자 의지하는 것이다. 구체적 의미를 지니는 해방의 관념을 위해서라면 실존의 기쁨은 매 순간 서로에게 확연히 나타나야만 한다. 자유를 향한 운동은 기쁨과 행복으로 두께를 더해가며, 그것의 생생하고도 구체적인 모습을 세상에 드러낸다. 포도주 한 잔을 들이켜는 어느 노인의 만족감이 아무것도 아닌 것으로 치부된다고 해보자. 그렇다면 생산과 부는 공허한 신화에 불과하다. 생산과 부는 오직 개인의 생생한 기쁨 안에서 다시 얻게 될 때만 의미를 지닐 수 있다. 만일 우리가 놀이에 몰두하고 있는 아이의 웃음에서 아무런 감동도 얻지 못한다면 시간 절약과 여가의 획득은 아무런 의미가 없다. 만일 우리가 자신에 관한, 그리고 타인들을 통한 인생을 사랑하지 못하게 된다면, 인생을 정당한 것으로 만들고자 하는 그 어떤 방법도 쓸데없는 일이 된다.

그러나 자선이 아무 생각 없이 현재를 위해 미래를 희생시킨다고 한다면, 그런 자선을 거부하는 정치는 올바르다. 자유는 애매성이라는 특성을 지닌다. 왜냐하면 그것은 자유로부터 도피하는 데에 전념하는 자유가 되는 경우가 매우 잦기 때문이다. 그래서 자유는 각 개인이 차례로 맺게 되는 관계를 애매하게 만든다. "타인들을 사랑한다"는 표현이 정확히 의미하는 바는 무엇인가? 그들을 목적으로 삼는다는 말이 의미하는 바는 무엇인가? 어느 경우에서든, 우리가 모든 사람의 의지를 충족시킬 수 있는 결정을 내리지는 못한다는 사실은 분명하다. 어떤 사람은 사악함, 다시 말해 다른 사람들의 노예화를 적극적으로 원하기도 한다. 그래서 그는 퇴치되어야만 하는 것이다. 아무에게도 해를 끼치는 바 없이 자신의 자유로부터 달음질치는 이로서의 존재성을 달성하는 데만 열과 성을 다하는 사람도 있을 수 있다. 만일 그가 도움을 요청한다면, 그를 도와줘야 할까? 우리는 자기를 마약중독자로 만들어 버리는 사람이나 절망에 빠져 자살을 감행하는 사람을 비난한다. 왜냐하면 이런 식의 무모한 행동은 자기의 고유한 자유에 반하면서 개별적인 것을 시도하는 것이기 때문이다. 그래서 우리는 그가 잘못을 범하고 있음을 깨닫게 해줘야만 하며 진정한 자유의 요구가 있는 자리에 그를 데려다 놓아야 한다고 생각한다. 다 좋다고 하자. 그런데 만일 그가 끝까지 이 짓을 계속하면 어찌할 것인가? 폭력을 써야 할까? 여기서 다시 진지한[=엄숙한] 이가 이 문제를 판정하느라 바빠진다. 이들은 삶의 가치, 건강의 가치 그리고 도덕적 순응의 가치를 굳건히 하느라 타인에게 이것들을 강제하기를 주저하지 않는다. 그러나 우리는 이 위선이 최악의 재난을 불러올 수 있다는 점을 알고 있다. 마약을 없애면 중독자는 죽을 수도 있는 것이다. 동정이나 관용의 충동을 적절히 고려하지 않으면서 막무가내로 추상적 윤리학에 봉사할 필요는 없다. 폭력은 오직 자신이 구제하고자 하는 자유에게 구체적 가능성들을 열어 줄 때만 정당화된다. 폭력을 실행에 옮김으로써 나는 좋든 싫든 내가 타인들 및 나 자신과 관계를 맺게 됨을 당연한 사실로 상정하고 그것을 떠맡게 된다. 비록 나는 죽기로 결심한 그의 선택을 무효로 하고자 [독약을] 빼앗아 버릴 수는 있지만, 그는 살아야 할 이유와 수단이 도대체 어디에 있는가라고 내게 물을 권리를 가지고 있다. 부당함에 맞서 실행되는 전제tyranny는 오직 병약한 이들이 나아질 가능성이 있을 경우에만 정당화될 수 있다. [어떤 행동에 나서도록] 나를 고무하던 의도가 아무리 순수했다 해도 모든 독재는 자신의 잘못에 대해 너그러워질 수밖에 없다는 허물이 있다. 게다가 나는 이렇게 마구잡이로 결정을 내릴 위치에 있지 않다. 센 강에 몸을 던지는 낯모르는 사람을 건져 낼지 말지 주저하게 되는 문제는 무척이나 추상적인 것이다. 이 절박한 사람과 나의 선택 의지 사이에는 우연적 사실성 외의 그 어떤 구체적인 연관도 없다. 내가 어느 어린아이, 우울증 환자, 병자 혹은 완전히 돌아 버린 사람에게 양육과 행복과 건강을 위한다는 이유로 폭력을 행사할 수 있는 위치에 있다고 해보자. 즉 나는 부모고 선생이며 간호사고 의사이자 친구 등등이다. 그 경우 내가 내린 가혹한 결정은 암묵적 동의에 의해서 나에게 간절히 요청된 것이기에 허용되며 심지어 간절히 요망되기도 한다. 내가 나의 책임을 점점 더 진지하게[＝엄숙하게] 받아들일수록, 내가 부여한 책임은 점점 더 진지하게[＝엄숙하게] 정당화된다. 이런 이유로 사랑은 가혹한 행위들을 허락한다. 무관심을 용인하지 않는다는 징표로 여겨지기 때문이다. 다음의 두 가지 측면으로 인해 문제는 더욱 복잡해진다. 한편으로 인간은 경솔함, 변덕, 열광, 열정에 휩싸이면서 도달하게 되는 자유로부터 도피하는 것의 공범자가 되어서는 안 된다는 요구를 받고 있다. 다른 한편으로 자기의 고유한 실존을 지향하는 인간의 운동이 수포로 돌아가게 된다는 사실이 존재한다. 이러한 실패는 그가 자신을 자유로운 존재로서 떠맡고 있다는 데서 비롯하지만 그는 이를 통해 자기를 자유로 선포한다. 인간이 오류를 범하지 않도록 막는 것은 그가 자기만의 실존을 완수하는 것을 금지하는 짓이다. 이것은 그에게서 삶을 빼앗아 버리는 일이다. 클로델*의 『비단구두』

---

*프랑스의 극작가 폴 클로델(Paul Claudel, 1868~1955)의 『비단구두Soulier de satin』
는 16세기 말 스페인을 무대로 돈 로드리고와 도냐 프루에즈의 좌절된 사랑의
이야기를 다룬 작품이다. 이 작품은 1985년 스페인의 거장 마누엘 드 올리베이
라에 의해 영화로 만들어졌다.

의 초입에서, 작가가 공명정대한 판사로 간주하는 프루헤즈 부인의 남편은 모든 식물에게는 그들을 잘 자라게 해주는 정원사가 필요하다면서 그가 바로 하늘이 그의 어린 아내에게 점지한 사람이라고 설명한다. 그의 오만한 생각(도대체 자기가 계몽된 정원사라는 것을 어찌 안단 말인가? 그는 그저 질투 많은 남편에 불과하지 않은가?)이 우리에게 큰 충격을 준다는 사실을 차치하더라도 영혼을 식물에 비유하는 것은 받아들일 수 없는 일이다. 칸트라면 행위의 가치는 외재하는 모델에 순응하는 것에 있는 게 아니라 내재하는 진실에 있다고 말했을 것이다. 우리는 [내적 진실 없이] 외적인 것에 근거하여 믿음과 미덕을 창조하고자 하는 이단 심판관들에 반대한다. 우리는 인간의 행복을 외적인 것에 근거하여 만들어 내고자 하는 모든 형태의 파시즘에 반대한다. 나아가 우리는 특정한 유혹의 가능성들을 차단함으로써 인간을 위해 무언가를 했다고 여기는 가부장주의도 반대한다. 인간에게 필요한 것은 오히려 이 가부장주의에 저항하게끔 하는 이유를 제공하는 것이다.

따라서 폭력이 사람들이 그릇된 것이라 여기는 행위들에 맞선다고 해서 곧바로 정당화되는 것은 아니다. 우리가 이미 살펴본 바와 같이 자유는 [무언가를 알아서가 아니라] 아무런 지식도 갖고 있지 못한 상태에서 행사되는 것이다. 그럼에도 불구하고 무지가 자유를 부정할지도 모른다는 점을 구실로 삼아 폭

력을 행사하는 것은 용납될 수 없다. '계몽된 엘리트들'이 아이
와 문맹자와 미신에 찌든 원시적인 사람의 처지를 변화시키도
록 일단 놔둬 보자. 이 일은 그들의 가장 긴급한 임무 중 하나니
까. 그러나 이런 일을 하는 가운데 엘리트들은 반드시 저들의 자
유를 자기 것과 다름없이 절대적인 것으로 존중해야 한다. 그들
은 항상 대중의, 여성의, 식민지 원주민의 무능력을 구실로 삼으
면서 보통 선거권의 확대에 반대한다. 그들은 인간이 언제나 [
무지의] 암흑 속에서 스스로의 힘으로 결정해야 한다는 사실을
망각하고 있다. 또한 그들은 인간이 자기가 이미 알고 있는 것을
넘어서기를 원해야만 한다는 사실을 잊고 있다. [그럼에도 불구
하고 엘리트들 말대로] 무한한 지식이 필수적이라고 가정해보
자(심지어 그런 지식을 알 수 있다고 가정해보자). 그렇게 되면
식민지 행정관 자신은 자유의 권리를 소유하지 못하게 될 수도
있다. 완전한 지식과 그사이에 놓인 거리는 그와 가장 낙후된 야
만인 사이에 놓인 거리보다도 훨씬 더 크기 때문이다. 사실 투표
하는 것과 통치하는 일은 같은 게 아니다. 통치하는 것은 단지 책
략을 부려서 어떤 일을 하게 만드는 것만은 아니다. 오늘날, 특
히 프랑스는 애매한 사정에 처해있다. 왜냐하면 우리 프랑스 인
민은 운명의 주인이 아니라고 생각하기 때문이다. 우리는 더 이
상 역사를 만들도록 희망할 수 없다. 우리는 그러한 작업에서 물
러나 역사에 예속되어 있다. 우리의 모든 국내 정치는 외부의 권

력 놀음을 반영하는 것뿐이다. [프랑스의] 어느 정당도 이 나라의 운명을 결정하기를 희망하지 않는다. 오직 열강의 힘이 준비하고 있는 미래를 예상해 보고자 할 뿐이다. 그리고 그들의 예상을 넘어서서 전개되는 한 줌의 미결정 요인이나마 최선을 다해 이용해 보고자 할 따름인 것이다. 이런 전략적 현실주의에 끌려다니다 보니 어느새 [프랑스] 시민들도 투표를 더 이상 의지의 표명으로 여기지 않게 되었다. 이제 투표는 책략으로 간주될 뿐이다. 정당의 책략에 완전히 일치시켜서 투표권을 행사하든 혹은 자기만의 전략을 고안해 내서 그렇게 하든 투표는 책략인 것이다. 유권자들은 자기를 특정 문제에 대해 상담을 의뢰받는 사람들로 여기지 않게 되었다. 유권자들은 자신을 그저 숫자로 헤아려질 수 있는 세력이자 저 멀리 놓인 목표들을 위해 이래라저래라 명령이나 받는 동력원으로 여기게 되었다. 이전에는 자기들의 의견을 표명하고 싶어 했던 프랑스 인민들이 실망스러운 전략이 되어 버린 행위에 더 이상 흥미를 보이지 않고 있는 데는 아마도 이러한 이유가 작용했을 것이다. 투표하는 행위가 아니라 사람들이 하는 투표의 비중을 측정하는 것이 필요한 일이라고 한다면, 이러한 계산에서 요구되는 것은 엄청난 규모의 정보와 확실성을 갖춘 전망이다. 이렇게 되면 오직 전문가적인 기술을 갖고 있는 사람만이 의견을 표현할 배짱을 가질 수 있다. 이와 같은 일이 이제 엄연한 사실로 자리 잡게 돼 버린 것이다. 그

러나 이것은 민주주의의 온전한 의미가 상실되면서 나타나게 된
폐해 중 하나일 뿐이다. 이러한 현상의 논리적 결론은 투표의 억
제가 될 것이다. [그러나] 투표는 구체적 의지를 표현하는 일이
되어야 한다. 그것은 나라와 세계라는 일반적 틀 속에 담긴 유권
자의 특정한 이해관계를 지킬 수 있는 대표자를 선택하는 일이
어야 한다. 무지한 이와 버림받은 이도 보호받아야 할 이해관계
를 가지고 있다. 오직 그만이 자기의 바람과 기대를 바탕으로 하
여 결정할 '능력을 가지고 있는' 사람이다. 진지함[=엄숙함]의
기만이 의존하고 있는 궤변에 의하면, 사람들은 [투표라는] 선
택이 의례적이라서 쓸모없다고 시비를 걸 뿐만 아니라 자기들
이 선택한 내용에 대해서도 이의를 제기하고 있다. 여기서 나는
어느 똑똑한 소녀가 과거에 했던 말을 상기시켜주고 싶다. "원
론적으로 볼 때 [남자들은] 여자들을 위해 투표하는 게 좋을 거
예요. 여자들이 투표권을 갖기만 한다면, 몽땅 공산주의자들에
게 투표할 테니 말이에요."* 오늘날 프랑스인들은 몰염치하게도
다음과 같은 소리를 거의 아무런 이견 없이 해대고 있다. 프랑스
연합L'Union française**의 식민지 원주민들에게 자기 결정권이 주어

---

*프랑스 여성에게 투표권이 허용된 해는 1945년이었다. 이 책은 여성 투표권
이 행사된 지 얼마 지나지 않은 1947년에 출판되었다. 문맥으로 볼 때, 이 소녀
의 말은 여성 투표권이 부여되지 않았던 시기에 했던 것으로 짐작된다.
**1946년~1958년 사이에 존재했던 정치체다. 2차대전 이후 프랑스 제4공화국
이 출범하면서 프랑스 제국 체체를 대체하기 위해 제안되었다. 공식적으로는
프랑스연합은 어떠한 식민지도 소유하고 있지 않다고 선언함으로써 식민지 원

졌더라면, 이들은 자기 마을에서 아무 일도 하지 않은 채 조용히 살고자 하면서, [프랑스연합 전체의] 경제Economy라는 더 높은 이익에 손해나 끼쳤을 것이고, 이들이 살고 싶다고 선택한 불황의 상태는 한 인간이 타인을 위해 바랄만한 것이 아닌 게 분명하며, 경제라는 이해관계가 게으른 검둥이들에게도 새로운 가능성을 열어줌으로써 언젠가는 그들을 [대프랑스로] 통합시킬 수 있을 거라는 등의 주장 말이다. 하지만 [그러기에 앞서] 당분간 그들은 식물과 같이 무기력하게 잔존해 있다. 그 상태에서 그들은 단지 부정적일 수만 있는 자유를 지니게 된다. 그들이 욕망할 수 있는 최선의 것은 자기를 지치게 하지 않는 것이고, 괴롭히지 않는 것이며, 아무런 일도 하지 않는 것이다. 그런데 그들은 이런 부정적 자유를 누리는 것조차 거부당한다. 바로 이것이 최절정에 올라 버린 용납할 수 없는 억압의 모습이다.

　하지만 '계몽된 엘리트들'은 어느 누구도 아이가 재량대로 하게 내버려 두지 않으며, 누구도 아이에게 투표권을 허용하지 않는다는 이유를 들며 반대한다. 이것은 또 다른 궤변이다. 여성, 행복한 사람, 체념한 노예 등이 기성 가치들로 이루어진 유치한 세계에 살고 있다고 한다면, 그런 한에서는 그들을 '영원한 아이'

주민들을 마치 똑같은 프랑스 국민으로 대우할 용의가 있는 듯한 모양새를 취했다. 하지만 그것은 제국주의적 혐의를 피하면서 구 식민지 지역을 여전히 유지하려는 꼼수에 불과했다. 이러한 위선적 정책은 알제리 독립 전쟁에 직면하면서 깨지게 된다.

혹은 '다 자란 아이'로 부르는 것이 조금이나마 말이 된다고 할
수도 있겠다. 하지만 이러한 비유는 치우친 것에 불과하다. 어린
시절이라는 것은 특정한 존재 상황이다. 그것에 함축된 제한 요
소들은 다른 사람들에 의해 인위적으로 만들어진 것이 아닌 자
연적인 것이다. 그런 까닭에 억압 상태와 같은 것으로 유비될 수
가 없다. 어린 시절은 모든 사람이 겪게 되지만 아주 단기적인 존
재 상황이다. 그러므로 그것은 개인의 가능성을 펼치지 못하도
록 가로막는 제한의 표상이라기보다는 반대로 새로운 가능성이
쟁취되는 발전의 순간을 대표한다. 어린아이는 무지하다. 그는
충분한 양의 지식을 획득할 만큼의 시간을 아직 갖지 못했기 때
문이다. 아이가 그런 시간을 갖는 것을 누군가가 거부했기 때문
이 아니다. 아이를 아이로 대우한다는 것은 그의 미래를 가로막
는 것을 의미하는 게 아니라 오히려 미래의 길을 열어주는 것이
다. 그는 [아직] 보호될 필요가 있어서 권위를 요청한다. 아이는
이런 사실성의 저항을 겪어내면서 해방을 획득하는데, 그런 면
에서 볼 때 사실성의 저항은 아이를 위해 마련된 틀이라 하겠다.
그 어떤 해방이 발생된다고 해도 사실성이라는 [해방의] 방해
물은 아이를 위해 채택되는 형식이다. 나아가 이와 다른 측면도
있는데, 이런 상황 속에 있는 아이조차도 자유에 대한 권리를 갖
고 있으며 인간으로서의 인격을 존중받아야만 한다. 『에밀Emile』
이 가치 있는 저작으로 빛나는 까닭은 루소가 이런 원칙을 주장

했다는 사실에서 비롯한다. 물론 『에밀』의 자연주의적 낙관주의는 우리를 아주 난처하게 만들기도 한다. 타인과 관계를 맺는 데서처럼 아이를 양육하는 데서도 자유의 애매성이 폭력이라는 야만을 함축하고 있다. 이런 의미에서 보자면 모든 교육은 잘못된 것이다. 어린 시절을 억압되는 시기라는 생각을 거부해야 한다는 점에서 루소는 참으로 옳다. 실제에서는 아이 키우기를 작물의 욕구가 무엇인지를 작물과 상의하지 않고 재배하듯 하는데, 이것은 아이 키우기를 자유로서, 즉 아이의 미래가 열려져 있어야만 하는 것으로 간주하는 태도와는 참으로 다른 것이다.

그러므로 우리는 다음을 최우선적인 것으로 설정할 수 있다. 즉 개인 혹은 개인들로 이루어진 집단의 선이 우리 행위의 절대적 목적으로 간주되어야 한다는 것이다. 그러나 우리는 이러한 목적을 **선험적으로** 결정해서는 안 된다. 어떤 행동도 사전에 재가받는 것으로 시작되지 않는다는 점을 사실로 삼아야 한다. 실존주의 윤리학의 구체적 결론 중 하나는 기존에 성립되었던 모든 문명, 시대 그리고 문화로부터 끌어오는 정당화를 거부하는 것이다. 이는 모든 권위의 원칙을 거부하는 것을 의미한다. 이 수칙을 [앞에서와 같은 부정적 형태가 아니라] 긍정적 형식으로 말한다면, 타인(이 사람이 우리가 현시점에 고려하고 있는 유일한 사람인 한)을 자유로 대우해야만 한다는 게 될 것이다. 그래야 그의 목적이 자유가 될 수 있는 것이다. 그러나 이렇게 함으로써 사람들은 각 상황에 맞게 독창적 해결책을 고안해 내는 위험에 빠져야만 할 것이다. 사랑에 낙담한 어린 소녀가 수면제를 과다 복용했다고 해보자. 아침에 친구들은 그녀가 죽어가고 있음을 발견하고 의사를 불러 그녀를 구해낸다. 훗날 그녀는 행복한 가정의 어머니가 되었다. 그녀의 자살 시도가 성급하고 경솔한 행위였다고 여기는 친구들의 생각은 옳았다. 또한 그녀가 자살하지 못하도록 거리낌 없이 막은 행위도 옳았다. 그러나 사람들은 스무 번이나 자살 시도를 하고 있는 우울증 환자들, 감시자로부터 탈출하는 수단을 찾고자 자기의 자유를 소모하는 사람들 그리고 참을 수 없는 고통을 끝내 버리는 방법을 찾는 데 자신의 자유를 봉납하는 [지독히 어리석은] 사람들이 정신병원에 있다는 사실을 알고 있다. [한편으로 보자면] 그들의 어깨를 토닥여주는 의사는 그들의 전제자이자 고문을 하는 사람이다. 술이나 마약에 중독된 친구는 나에게 돈을 빌려 가서 그에게 필요한 약을 살 수 [있는 자유가] 있다. 그렇지만 나는 그에게 치료를 받으라고 재우치면서 의사에게 데려가 그를 살리려고 노력한다. 나의 이러한 시도가 성공할 가능성이 있는 한, 나는 내 친구가 요구하는 액수의 돈을 거절하는 행위를 한 치의 어긋남 없이 해낼 것이다. 그러나 상황이 좋지 않아서 그의 처지를 바꾸려는 나의 모든 시도가 방해받는다면, 내가 할 수 있는 행위란 고작해야 상황에 굴복하는 것뿐이다. 몇 시간 동안 약을 빼앗는 조치는 아무 소용도 없는 것으로서, 다만 그의 고통을 악화시킬 따름이다. 어쩌면 그는 내가 주려 하지 않는 것을 얻으려고 극단적인 수단에 의존할지도 모른다. 바로 이것이 입센의 『야생오리』에서 다루었던 문제다. 개인은 거짓 속에서 살아간다. 그 거짓의 이름은 폭력이고 압제다. 이 거짓의 희생자들을 자유롭게 만들어주기 위해 나는 진실을 말해야 할까? 우선적으로 필요한 일은 진실이 참을 만한 게 될 수 있다는 것, 그럼으로써 비록 그의 [거짓된] 환상을 잃어버릴지라도 속임수에 넘어갔던 개인들이 다시 무언가를 희망할 수 있는 근거를 발견하게 되리라는 것을 깨닫게 되는 상황을 만들어내는 일이다. 문제를 더욱 복잡하게 만드는 것은 한 인간의 자유가 거의 항상 다른 개인의 자유와 관계되면서 영향을 미친다는 점이다. 돼지우리 같은 집에 살기를 고집하는 부부가 있다고 해보자. 만일 우리가 그들로 하여금 더 건강하게 살 수 있는 집에 살고자 하는 욕망을 품게 하는 데 성공하지 못한다면, 우리는 그들이 살기 좋다고 여기는 곳에 가서 살도록 허용해 줘야만 한다. 하지만 그들에게 아이들이 있다면 상황은 달라진다. 부모들의 자유는 자식들의 파멸과 같을 것이다. 자유와 미래가 자식들 편에 있을 때, 가장 먼저 고려되어야 할 사람은 자식들이다. [이상에서 보듯이] 타자the Other는 복합적인 모습을 하고 있다. 그런 까닭에 [언제나] 새로운 문제가 발생하는 것이다.

우리가 과연 누구를 위해 자유와 행복을 추구하는지 사람들은 우선 궁금해할 것이다. 문제가 이런 식으로 제기될 경우, 이것은 추상적인 게 된다. 그렇게 되면 대답은 임의적일 것이고, 이런 임의적인 대답은 항상 무도함을 포함하게 된다. 비록 지역의 사회복지사가 밉살스러운 구석이 있다 해도 이런 무도함이 그녀의 잘못만은 아니다. 왜냐하면 그녀의 돈과 시간은 한계가 있어서, 이 사람이나 저 사람에게 그것을 분배하기 전에 몹시 망설였을 것이고, 이러한 갈등에서 벗어나기 위해 그녀는 맹목적 사실성의 관점에서 타인을 그저 외재하는 것으로 여겼을 것이기 때문이다. 누군가를 위한 도덕적 행위가 추상적인 게 될수록 더욱 덕스러워진다고 여기는 칸트주의의 형식적 엄밀성과 반대로 [구체적인 도덕 행위인 타인에 대한] 관용이라는 것은 우리에게 더 잘 뿌리내릴 것으로 보인다. 그러므로 관용이 타당하게 될수록 타인과 우리 자신 사이에 존재하는 차이는 덜해지며, 우리가 타인을 목적으로 여기는 과정에서 우리는 더욱 많이 자아를 달성하게 된다. 이것이 바로 내가 타인들과 관계 맺는 것에 종사할 때 일어나는 일이다. 스토아주의자들은 가족, 우정, 민족성이라는 결속에 의문을 제기하였다. 그들은 오직 인간이라는 보편적 형식만을 인정했다. 그러나 인간은 특정함이 보편적 사실과 맞아떨어지는 상황을 통해서만 인간이 된다. 세상에는 막연한 타인들이 아니라 특정한 사람의 도움을 기대하는 사람들이 존재한다. 이러한 종류의 기대는 다른 것보다 우선시되는 행위의 한계선을 설정한다. 검둥이는 검둥이를 위해, 유대인은 유대인을 위해, 프롤레타리아는 프롤레타리아를 위해, 스페인 사람은 스페인을 위해 싸우는 게 알맞다. 하지만 이러한 특수한 연대solidarities의 표명은 보편적 연대solidarity의 의지와 모순되어서는 안 된다. 각자의 한정적 과업은 인류 전체the totality of men에게도 열려 있어야만 한다.

그리하여 우리는 지금까지 추상적으로 묘사했던 갈등을 구체적 모습 속에서 발견하게 된다. 자유라는 대의는 오직 특정한 여러 희생자들을 통해서만 획득할 수 있기 때문이다. 그리고 분명히 사람들에 의해 묘사되는 선들 사이에는 위계가 존재한다. 우리는 특정한 타자들의 해방을 보장하기 위해서라면 특정한 사람들의 안락, 사치 그리고 여가를 희생시키는 데에 주저하지 않을 것이다. 그러나 이 수많은 자유 중에서 누구를 선택해야만 하는가라는 물음에 직면하게 될 때, 우리는 과연 어떻게 결정해야 할까?

다시 말하지만, 우리들은 지금 여기서 한 가지 방법을 보여줄 수 있을 따름이다. 첫 번째 요점은 우리가 행위의 목적으로 제안한 추상적 형식을 충족하는 진정한 인간적 이익이 무엇인지 항상 고민하는 것이다. 정치는 항상 국가Nation, 제국Empire, 연합Union, 경제Economy 등의 거창한 이상들Ideas을 내세운다. 그러나 이런 추상적 형식 중에서 그 자체로 가치를 지닌 것은 아무것도 없다. 가치는 구체적 개인들을 함축할 경우에만 귀중하다. 만일 어떤 국가가 그 구성원들이 일정한 손해를 감수할 때만 국가의 긍지를 자랑스레 주장할 수 있다고 단언한다면, 그리고 만일 연합을 이루려고 노력하는 사람들의 손해를 통해서만 어떤 연합이 창립될 수 있다고 한다면, 그런 국가 혹은 연합은 반드시 거부되어야만 한다. 우리는 인간 자신보다 거창한 형식을 선호하는 모든 이상주의, 신비주의 따위를 물리쳐야 한다. 그러나 이 문제가 정말로 괴로운 번민에 휩싸이는 경우는 인간에게 진정으로 봉사하는 대의명분이 의문에 봉착할 때이다. 스탈린주의적 정치에 대해 의문을 가지고, 대중에게 봉사하기 위해 대중을 이용하는 당the Party이 대중과 맺는 관계의 문제에 대해 캐묻는 까닭은 이것들이 모두 모든 인류에 대한 선의지를 가지는 것을 가장 첫째로 앞세우고 있기 때문이다. 그러나 이러한 대의명분을 속임 수 없이 제기하는 사람은 거의 없다. 그리고 우리는 먼저 몇 가지 잘못된 점을 제거하는 데 노력을 기울여야 한다.

소비에트 사회주의 공화국 연방U.S.S.R.의 적대자는 스탈린주의의 폭력성과 추구되고 있는 목적들을 연관시키[면서 사고하]는 것을 등한히 한 채, 스탈린주의 정치의 책임으로 보이는 일부 범죄적 폭력을 강조하면서 오류 추론을 활용한다. [그것은 다음과 같다.] 확실히 이 나라에서 이루어진 숙청, 추방, 마구잡이 점령 그리고 경찰 독재의 폭력은 그 엄중함에 있어서 다른 나라의 수준을 넘어서고 있다. 이미 저질러진 불의를 문자 계수로 삼을 수 있다면, 러시아에 살고 있는 1억 6천만 주민들은 이 단항식의 어마어마하게 큰 숫자 계수가 될 것이라는 점은 분명한 사실이다.* 그러나 이런 식의 [단순한] 수량적 고찰로 옳고 그름을 판단하기에는 충분하지 않다. 수단에 의미를 부여하는 목적 없이 수단에 대해 판정하는 것이 가능하지 않은 것처럼, 목적을 한정하는 수단을 그것과 떼어놓을 수는 없다. 검둥이에게 린치를 가하는 것이나 수백 명의 반대자들을 진압하는 것이나 [폭력을 사용했다는 점에서 보자면] 둘은 유사하다. 린치행위는 절대적으로 악하다. 그것은 폐기된 문명을 되살리는 일이자 사라져야 할 인습인 인종 투쟁을 영구적으로 보존하려는 시도로 표상된다. 이것은 정당화 작업이나 구실을 대는 일조차 필요치 않을 만큼 [명백히] 잘못된 행위다. 수백 명의 반대자들을 진압하는 것은 확실히 무도하다. 그러나 이런 행위에는 나름의 의미와 이유가 있을 수도 있다. 즉 여기서는 엄청나게 많은 대중에게 더 나은 몫을 가져다주기 위해 특정 체제를 유지한다는 점이 중요하다. 이런 조치는 아마도 피할 수 있었을지도 모른다. 어쩌면 이것은 모든 긍정적 건설에 필연적으로 수반된 결함 요소를 표상할 뿐일 수도 있다. 이 문제는 대의의 총체적 연관 속에서 재정

---

*소련에서 저질러진 야만적 폭력의 수를 셈하고자 한다면 1억6천만 명×불의한 폭력 건수라는 단항식을 세울 수 있다는 뜻.

위됨으로써만 제대로 된 판단에 이를 수 있다.

그러나 이와 대조적으로 소련의 옹호자는 [소비에트에 의해] 추구된 목적을 가지고 희생자들과 여러 범죄를 무조건적으로 정당화하면서 오류 추론을 활용한다. [즉] 한편으로는 목적이 무조건적이라는 점, 그리고 다른 한편으로는 목적의 이름으로 저질러진 여러 범죄가 단연코 필요했다는 점이 우선적으로 증명될 필요가 있었을 것이다. 그는 부하린*의 죽음을 지적하는 비판에 맞서 스탈린그라드의 입장으로 대응한다. 그러나 그는 모스크바의 재판이 러시아의 승리 가능성을 높이는 데에 과연 얼마나 효과가 있을지 알았어야 했다. 필연성의 관념을 이용해 먹는 스탈린주의 정통파의 책략 중 하나는 혁명 전체를 저울의 한쪽에다가 몰아서 달아 놓는 것이다. 그러면 다른 쪽은 언제나 아주 경미한 것으로 보일 것이다. 그러나 총체적 역사 변증법이라는 관념은 어느 한 요소가 영구적으로 결정적이라는 식의 견해를 함의하지 않는다. 이와 반대로, [스탈린주의 정통파 중] 누

*니콜라이 이바노비치 부하린(Niklai Ivanovich Bukharin, 1888~1938)은 소련의 혁명가이자 스탈린에게 일국사회주의혁명론을 제안한 이론가였다. 볼셰비키였던 그는 1917년 10월 혁명의 지도자 중 하나로 활동하였다. 1924년 레닌이 죽자 그는 당 서기장이었던 스탈린과 연합하여 트로츠키를 실각시켰다. 그러나 스탈린과의 연합은 오래가지 않았다. 부하린은 1929년 스탈린과 벌인 권력 투쟁에서 패하여 요직에서 쫓겨났다가 1937년 국가전복 혐의로 체포되었다. 1938년 재판에서 그는 트로츠키주의자로 판정되어 처형당했다. 부하린 재판의 불공정성은 전 세계적 관심을 받았으며, 이 재판을 계기로 많은 서방의 좌파 지식인들이 공산주의에 대한 기대를 거두었다.

군가가 한 사람의 인생이 사건의 추이를 바꿀 수 있다는 점을 인정한다고 해보자. 그렇다면 그는 클레오파트라의 코와 크롬웰의 사마귀*[라는 개별 요소]에 중대한 역할을 부여하는 개념을 신봉하는 것이다. 여기서 그는 필연성 관념에 관한 두 가지 상반된, 즉 하나는 종합적이고 다른 하나는 분석적이며, 하나는 변증법적이고 다른 하나는 결정론적인 개념을 가지고 완전히 기만적인 장난질을 하고 있다. [이 개념들 중] 앞의 것은 거대역사History가 지성으로 파악할 수 있는 생성becoming[의 모습]으로 현상하도록 만든다. 그리고 이 생성 속에 우연적 사건의 개별성이 재흡수된다. 계기들의 변증법적 연속은 개별 요소들particular elements이라는 불확정성이 각 계기 안에 하나씩 하나씩 채택될 경우에만 가능하다. 이와 반대로 그가 인과적 연쇄의 엄격한 결정론을 인정

*주지하다시피 올리버 크롬웰Oliver Cromwell은 17세기 영국에서 청교도 혁명을 일으켜 왕정 체제를 전복한 인물이다. 그는 호국경Lord Protector of England 시절에 왕실 화가였던 피터 렐리에게 초상화를 그려 달라고 하면서, 얼굴을 미화하려 하지 말고 '사마귀를 비롯한 모든 것warts and all'까지 숨김없이 그려야만 그림값을 지불할 것이라 말했다고 한다. 여기서 '사마귀를 비롯한 모든 것'이라는 관용적 표현이 유래했다는 것이다. 당시 화풍은 고귀한 신분을 갖춘 이들을 되도록 장엄하고 화려하게 보이게 하여 신분적 권위를 강화하는 데에 이바지하도록 하는 게 일반적이었다. 반면에 크롬웰은 왕과 귀족들의 화려함에 대항하여 꾸밈없는 외모를 강조했던 청교도들의 지도자였다. 만일 크롬웰이 사마귀를 갖고 있었기 때문에 귀족들의 사치에 대항하려는 청교도들의 의지를 불러일으켰다고 본다면, 마치 '클레오파트라의 코'처럼 개별적 요소가 우연히 작용하여 역사의 큰 흐름을 바꾸게 된다는 사고에 이를 수도 있다. 사족이지만, 크롬웰이 실제로 '사마귀를 비롯한 모든 것'이라는 말을 했는지는 불확실하다. 이 표현은 호레이스 월폴이 100년 후 남긴 기록에서 처음 나타나기 때문이다.

한다고 해도, 그는 결국 우연적이고도 무질서한 것들의 앙상블이라고 보는 관점, 즉 우연히 발생하게 된 연쇄적 사건들의 총합이라는 관점으로 돌아가 버릴 것이다. 그러므로 마르크스주의자는 혁명을 수반하지 않는 자기만의 개별적 결단은 전혀 인정해서는 안 된다. [그러나] 이 문제는 전적으로 자기만의 개별적 결단의 시기, 즉 타인을 위해 그리고 더 큰 희생을 막기 위해 자신을 활용하는 시기가 도래하는 것을 촉진하거나 늦추는 것에 관련된 것이다. 이는 그가 폭력을 포기해야만 한다는 것을 의미하는 게 아니라, 목적을 가지고 폭력을 **선험적으로** 정당화된 것으로 여겨서는 안 된다는 것을 의미한다. 만일 그가 자기 과업을 그것의 진리 속에서, 다시 말해 그것의 유한성 속에서 고찰한다면, 그가 요구한 희생자들[의 뜻에]에 반하는 한정된 이익 외에는 아무것도 갖지 못한다는 점, 나아가 그것이 확실한 이익이 아님을 알게 될 것이다. 물론 이러한 불확실성을 이유로 하여 목적을 추구하는 것을 그만둬서는 안 된다. 그렇지만 우리는 여전히 각각의 경우에 있어서 목적과 수단 사이의 균형을 찾는 데 관심을 기울여야 한다.

그러므로 우리는 폭력이 타당한 목적에 의해 행사되고 있다는 것을 구실로 그것을 **선험적으로** 정당화하려는 모든 시도들뿐만 아니라 모든 폭력을 규탄하려는 태도에 대해서도 이의를 제기한다. 폭력의 정당화와 비판 모두 구체적 차원에서 정당화되어야만 한다. 여기서는 차분하고 수학적인 계산이 불가능하다. 우리는 특정한 희생을 수반하고 있는 성공의 가능성에 대해 헤아려 보고 판단하는 것을 시도해 볼 필요가 있다. 그렇지만 이러한 판단을 시작할 때 우리는 항상 회의하는 자세를 거두지 말아야 할 것이다. 게다가 희생이라는 직접적 현실에 직면할 경우 성공 가능성에 대해 생각한다는 것은 쉬운 일이 아니다. 한편으로, 우리는 확실성에는 영원히 이르지 못한 채, 다만 어떤 개연성을 무한하게 곱해 나가기만 할 수 있을 것이다. 그러나 이는 실제로는 점근선과 합쳐지고 만다. 우리의 집단적 삶에서처럼 우리의 사적 삶에서도 진리란 통계학적인 것 외에 아무것도 아니다. 다른 한편, 이해관계가 첨예하게 대립하는 경우에서는 여러 가지 상황을 등식에 대입하는 식으로 생각해서는 안 된다. 한 사람 혹은 백만 명의 고통은 수백만 명의 타인들이 구현해 낸 승리의 성과물과 비교할 수 있는 사항이 아니다. 오늘의 죽음이 내일의 삶과 비교될 수는 없다. 한편으로는 사람들이 추구하는 이해관계를 곱하여 성공의 가능성을 세워보려는 동시에, 다른 한편으로는 [대가로 지불해야 할] 직접적 희생의 비중을 설정해 보고자 하는 것은 말도 안 되는 공상으로 보인다. 우리들은 자유로운 결정의 이면에 번민하는 자아가 있음을 발견한다. 그리고 이런 이유로 정치적 선택이 윤리적 선택과 동일하게 된다. 이것은 결단일 뿐만 아니라 도박이기도 하다. 이런 고민하에서 우리는 수단의 가능성과 위험에 돈을 건다. 그러나 [성공] 가능성과 위험을 떠맡아야 할지 혹은 아무런 도움 없이 주어진 상황 안에서 결정되어야만 하는 것인지는 여전한 고민거리다. 그리고 그렇게 함으로써 우리는 [윤리적] 가치를 세우게 된다. 생쥐스트와 로베스피에르가 공포정치의 폭력을 사실로 감수했던 것과 달리 지롱드 당원들은 1793년에 공포정치의 폭력을 거부하였다. 그들의 자유 개념이 서로 달랐기 때문이다. 1830년과 1840년 사이에 활동했던 공화주의자들은 순전히 정치적 항의에만 한정했던 사람들이거나 모반의 공학을 채택했던 사람들이었는데 이들이 목표했던 공화국은 동일한 게 아니었다. 수단의 선택이 목적의 규정과 완수 모두에 영향을 미친다는 점을 알고 있다면, 각각의 경우에서 중요한 문제는 목적을 규정하고 그것을 실현하는 일이다.

일반적으로 상황은 너무나 복잡하기 때문에 윤리적 선택의 순간을 제기하기 이전에 오랜 분석의 과정을 거치는 것이 필요하다. 여기서 우리는 몇 가지 간단한 사례에 대해 고찰하는 것으로 우리의 분석을 한정하기로 할 것이다. 이것은 우리의 태도를 조금 더 정확하게 형성하게 만들 것이다. 지하 혁명 운동 중에 적의 끄나풀을 적발할 경우 사람들은 주저 없이 폭력을 행사한다. 그는 반드시 제거해야 할 현재의, 그리고 미래의 위험 요소이다. 그러나 만일 어떤 사람이 단지 배신자로만 의심받는다면, 이 경우는 좀 더 애매해진다. 1914년~1918년의 제1차 대전 동안 북부 농부들은 적군에게 신호를 보냈다는 혐의로 어느 무고한 가족을 학살해 버렸다. 사람들은 북부 농부들을 비난했다. 그들의 추정이 분명치 않을 뿐만 아니라 그로 인해 초래될 위험도 불확실했기 때문이다. [하지만] 어쨌든 [배신] 혐의자들을 감옥에 집어넣기에는 이 정도로도 충분했다. 지엄한 심문을 기다리는 동안 그들이 자행할지도 모르는 해로운 일은 손쉽게 방지되었다. 그러나 도덕성이 의심스러운 개인이 다른 사람들의 운명을 한 손에 쥐고 흔든다면, 그리고 만일 어떤 사람이 한 명의 무고한 사람을 죽이는 위험을 피하기 위해 열 명의 무고한 사람들이 죽게 내버려 두는 위험을 감행한다면, 그런 자를 희생시키는 것은 합당하다고 하겠다. 우리는 그러한 결정이 다급하고도 경솔하게 채택되어서는 안 된다고, 모든 사항이 고려되어야 한다고, 누군가에게 악the evil을 가하는 일은 악을 미연에 방지하는 행위가 보다 적어야 한다고 요구할 수만 있을 뿐이다.

더 난처한 경우가 여전히 남아있다. 폭력은 곧바로 효과를 낳지는 않기 때문이다. 레지스탕스의 폭력은 독일을 실질적으로 약화시키는 것을 목표로 하지 않았다. 그들의 목적은 독일에 대한 협조가 불가능해질 정도의 폭력적 상태를 만들어 내는 것이었다. 어떤 의미에서 보면, 세 명의 적군 장교를 제거한 일에 대한 대가로 프랑스인 마을 전체를 불태우도록 만드는 것은 너무 큰 피해를 야기한다. 그러나 그 정도의 방화와 인질 학살은 레지스탕스들의 계획 속에 있는 일이었다. 그들은 점령군과 점령당한 사람들 사이에 [협조를 불가능하게 하는] 심연을 만들어냈다. 19세기 초에 발발했던 파리와 리옹에서의 모반 혹은 인도에서의 반란도 압제자의 굴레를 일격에 박살 내는 것을 목표로 삼지 않았다. 오히려 목표는 반란의 의미를 창조하고 유지하면서 화해의 신비적 속임수가 이루어지는 것을 불가능하게 만드는 것이었다. 하나하나씩 실패하게 될 것이라는 점을 알면서도 계속되는 반란의 시도들은 그들이 창조해 낸 모든 상황에 의해 정당화될 수 있다. 이것은 스타인벡의 소설 『의심스러운 싸움In Dubious Battle』*이 전달하려는 의미이기도 하다. 그 소설에서 한 공산주의 지도자는 치러야 할 대가도 많고 성공도 불확실한 파업을 시작하는 데 망설이지 않는다. 파업을 시도함으로써 최소한 노동자들의 연대와 착취에 대한 자각, 그리고 그것을 거부하려는 의지가 태어날 것이기 때문이다.

　이러한 사례는 존 도스 파소스의 『청년의 모험The Adventures of

*존 스타인벡(John Ernst Steinbeck Jr., 1902~1968)이 1936년 쓴 소설이다. 1930년대 대공황기 캘리포니아 대농장 노동자들의 파업 투쟁을 다루었다. 이 소설에서 스타인벡은 자본주의 사회의 착취 구조에 비판적 관점을 유지하고 있다. 그렇지만 이에 대항하는 정치 투쟁이 인간성을 부정하는 모습을 보이고 있다는 점에 대해서도 비판적 태도를 견지한다. 당대의 베스트셀러였던 이 작품은 발간 당시 좌우파 모두를 불편하게 만들었다. 스타인벡은 『분노의 포도』 출간 이후 자기 작품이 불태워지고, 어떤 주에서는 금서로 지정되었으며, FBI의 감시를 받는 등의 고난을 겪기도 했다.

a Young Man』*에 나오는 다음과 같은 논쟁과 대조해 보면 흥미로워 진다. 미국의 광부들이 파업에 동참하면서, 몇몇이 사형 선고를 받게 된다. 동지들은 재심을 위해 노력한다. 여기서 두 가지 방법이 제기된다. 하나는 제도에 따라 행위하는 것이다. 그러면 재판에서 이길 가능성이 높다고 사람들은 알고 있다. 이와 달리 공산당이 언론을 동원하고, 국제적 차원에서 탄원서를 돌리는 등으로 이 사안을 처리하도록 맡겨둠으로써 세상을 떠들썩하게 하는 재판으로 만들 수도 있다. 하지만 법정은 이런 위협에 굴하려 하지 않을 것이다. 그로 인해 공산당은 어마어마한 인지도를 얻게 될 것이지만, 광부들은 결국 사형 확정판결을 받게 될 것이다. 이러한 경우 선의지를 갖고 있는 인간은 어떤 결정을 해야 할까?

도스 파소스의 영웅은 광부의 목숨을 구하는 쪽을 택했다. 우리는 그가 옳다고 믿는다. 만약 완전한 혁명과 두세 명의 목숨 사이에서 선택을 해야만 한다면, 어떤 혁명가도 망설이지 않으리라는 것은 확실하다. 그러나 이것은 그저 위에 언급된 정당

*존 도스 파소스(John Roderigo Dos Passos, 1896~1970)는 헤밍웨이와 동시대에 활동했던 미국의 대표적 소설가이다. 음울하고 회의적인 사실주의에 입각한 작품을 저술하였다. 『미국 3부작』이 대표작이다. 한 때 친좌파적이었던 그는 헤밍웨이와 함께 스페인 내전에 참여하면서 목격한 친구의 죽음 때문에 스탈린주의화 되어가는 공산주의에 환멸을 느낀다. 이로 인해 헤밍웨이와 사이가 틀어졌으며, 1950년대 이후로는 보수적 자유주의 진영에 가담하여 닉슨의 선거 운동을 돕기도 하였다. 『청년의 모험』은 스페인 내전의 경험을 토대로 삼아 쓴 소설이다. 정의로운 사회를 갈망하며 스페인 내전에 참여한 좌파 미국 청년의 이상이 공산주의자들의 정치적 책략 때문에 무너지는 과정을 그려냈다.

을 선전하는 데 도움이나 주는 단순한 문제에 불과하게 된다. 혹은 공산당이 미국 내에서 조금 더 발전하는 가능성을 넓히는 데 이바지하는 일이나 될 뿐이다. 이 나라에서 공산당의 직접적 이익은 혁명의 이익과 오직 가설적으로만 묶여있다. 사실 전쟁과 같은 격변은 세상을 뒤엎어 버림으로써 이전에 존재하던 이해득실 중 대부분을 완전히 쓸어버렸다. 운동이 봉사해야 할 대상이 정말로 **사람들**이라면, 위에서 언급한 사례에서 혁명가는 소수의 희생을 통해 인류 전체의 해방이 도래할 수 있도록 만드는 매우 불확실하고도 미약한 가능성을 선택하기보다 세 명의 구체적 개인들의 목숨을 구해야만 한다. 만일 이런 목숨들을 무시해도 좋다고 생각한다면, 그것은 거창한 이념the Idea을 그것의 내용보다 우선하는 허울 좋은 정치꾼들의 편에 서 있다는 점에서 비롯하는 일이다. 또한 이념의 목적에 헌신하는 것보다 주관 안에서 표상된 이념 그 자체를 선호하고 있기 때문이다. 게다가 스타인벡이 말한 사례에서 파업은 노동자들의 자유를 직접적으로 호소하는 것이다. 더구나 실패한 파업 그 자체가 이미 해방이다. 이에 반해 광부들의 희생[을 강요하는 것]은 신비화이자 억압이다. 광부들은 노력이 목숨을 구하게 한다고 믿게 되면서 기만당했다. 나아가 모든 프롤레타리아도 이 광부들과 마찬가지로 기만당하였다. 결국 이 두 개의 예에서 우리가 다음으로 요약되는 동일한 추상적 사례에 직면해 있음을 발견하게 된다. 즉, 사람들은 그들에게 봉사해야만 하는 당의 제한된 이익을 실현시키기 위해 죽게 될 것이라는 사실 말이다. 하지만 구체적 분석은 이에 대립하는 도덕적 해결책으로 우리를 인도한다.

분명히 우리가 제안하는 구체적 분석이라는 방법은 과학적 혹은 미학적 방법과 유사하다. 이 방법은 실현된 가치와 목표로 했던 가치를 각각의 경우 속에서 비교하고, 행위의 의의와 그것의 [실제적] 내용을 각 경우 안에서 비교하는 것으로 구성되어 있다. 사실 정치인은 과학자나 예술가와 정반대로 행위한다. 그리고 그가 떠맡고 있는 결핍의 요소가 훨씬 엄청남에도 불구하고 위에서 언급한 방법을 활용하는 데 무관심하다는 것은 [부정할 수 없는] 사실이다. 도덕성이라고는 얼씬도 못하게 만드는 저항할 수 없는 권력의 변증법이 있다는 말일까? 윤리적으로 고려하는 태도가 현실적이고 구체적인 형태를 취한다고 해서 그것이 손해를 끼치는 행위가 될까? [이에 대해서는 현실을 구체적 상황 속에서 고민하느라] 망설이고 의혹에 빠지는 것은 승리에 방해만 될 뿐이라는 식의 반론이 제기될 것이다. 어떤 경우에든 모든 성공에는 결핍의 요소가 있고, 어찌 되었든지 간에 이런 애매성은 극복되어야만 한다는 이유로, 이것[구체적 태도로 윤리적 사안을 고민하는 것]에 주의를 기울이는 것을 거부하지 않을 이유가 어디에 있냐는 것이다. 『카이에 닥숑Cahiers d'Action』지 제1호에서 어느 독자는 전투적 공산주의자를 "우리 시대의 영원한 영웅"으로 여겨야만 한다고, 그리고 실존주의자들이 요구하는 소모적인 긴장을 완전히 거부해야 한다고 선언하였다. 누군가 영웅주의의 영원성에 안주하게 되면, 그는 논쟁의 여지조차 없는 목표를 맹목적으로 지향하게 될 것이다. 이런 생각을 따르게 되면 그는 어디로 가는지도 모르면서 우익을 향해 확고히 걸어갔던 드 라 로크 대령*을 닮게 된다. 말라파르테**는 어린 나치들이 타인들의 고통에 무감각해지기 위해 고양이의 눈을 산 채로 뽑아내는 연습을 했다는 이야기를 들려주고 있다. 사실 애매성에 함축된 어려움을 근본적으로 회피할 방법이란 존재하지 않는다. 그러나 인간에게 봉사하고자 하는 행위는 도중에 그를 잊지 않도록 주의해야 한다. 만일 행위를 맹목적으로 완수하는 길을 택한다면 행위는 그 의미를 잃게 되거나 뜻하지 않은 의미를 떠맡고 말 것이다. 왜냐하면 목표는 완전히 고정되는 게 아니기 때문이다. 목표는 그것을 향한 여정을 따라가면서 규정된다.

*프랑수아 드 라 로크(François de La Rocque, 1885~1946) 대령은 '불의 십자가Croix de feu'라는 프랑스 우파 정치 세력의 지도자였다. 이후 그는 프랑스 사회당PSF: Parti Social Français이라는 온건 민족주의 정당을 만들었다. 프랑스가 독일에 점령당했을 때 처음에는 부역에 호의적이었다가 이후 비협조적인 태도로 바뀌었다. 해방 후 가택 연금되었다가 사망하였다.
**쿠초 말라파르테(Curzio Malaparte, 1898~1957)는 20세기 전반 이탈리아의 영향력 있는 언론인이자 작가였다. 그는 피렌체 인근 프라토에서 독일계 이주민 아버지와 이탈리아인 어머니 사이에서 태어난 덕에 이방인으로서의 자의식을 갖게 되었고, 이것은 그의 사회의식의 바탕을 이루게 되었다. 그는 무솔리니와 히틀러에 비판적인 글을 썼다. 대표작으로는 『쿠데타의 기술Technique du coup d'etat』(1931), 『망가진 세계Kaputt』(1944) 등이 있다.

주의하고 경계하는 것만이 목적의 타당성을 살아있게 하고, 자유에 대한 진정한 주장을 가능하게 한다. 게다가 애매성은 모습을 드러내지 않을 수가 없다. 그것은 피해자에 의해서 감지된다. 그리고 전제자에 대한 피해자의 반항 혹은 불평이 그것을 존재하게 만든다. [그러면] 전제자는 의문에 빠져 자기 자신과 목적 모두를 부정하고 그만 포기하고 싶다는 유혹에 빠질 것이다. 만약 그가 고집을 부린다면, 그는 계속 맹목적인 상태가 된 채 오직 범죄에 범죄를 더하기만 하고, 자기의 원래 구상을 점점 더 왜곡시키기만 할 것이다. 행위의 인간이 독재자가 되는 것은 사실 그의 목적 때문이 아니라, 이러한 목적이 반드시 그의 의지를 통해 설정된다는 점 때문이다. 헤겔은 『정신현상학』에서 객체와 주체 사이의 불가분의 혼돈 상태를 강조했다. 인간은 자기의 대의명분을 이룩함으로써만 자신을 그것에 바치게 된다. 대의명분 속에서 자아를 이루어내는 것처럼 대의명분도 자아를 통해서 표현되며 권력에 대한 의지는 아량과 다르지 않다. 어떤 개인 혹은 정당이 무슨 대가를 치르든지 간에 승리를 쟁취하고자 할 때, 그들이 목표한 승리는 온전히 그들만의 것이다. 만일 소련 공산당 인민위원Commissar과 요가 수행자를 뒤섞는 일이 실현될 수 있다면, 행위의 인간 속에는 자기비판 의식이 존재할 수 있을 것이다. 자기비판 의식은 그의 의지가 애매성을 지니고 있음을 드러냄으로써 주관의 오만한 질주를 저지하고 나아가 무조건적인 것이 되어 버린 목적의 가치를 검토하게 만들 것이다. 그러나 정치인은 사실 가장 손쉬운 쪽을 따른다. 쉬운 길은 타인들의 불행에 눈 감거나 그것에 거의 주의를 기울이지 않는 것이다. 100명 사이에 숨은 세 명의 범인을 가려내는 일보다 100명을 모두 감옥에 쳐넣는 쪽이 더 쉬운 법이다. 누군가를 계속 감시하는 것보다 차라리 죽여 버리는 게 더 쉬운 것이다. 모든 정치는 경찰을 이용한다. 그들은 개인에 대한 철저한 무시를 공공연히 과시하면서 폭력 자체를 사랑한다. 경찰의 나태함과 잔인함 중 일부는 정치적 필요성의 이름으로 존재하게 되는 것이다. 가장 손쉬운 쪽을 따르지 않으려는 것이 윤리가 삼아야 할 의무인 까닭은 바로 이런 사정에서 비롯한다. 그렇지만 윤리학은 운명적으로 정해진 것이라기보다는 지극히 자유롭게 동의된 것이다. 윤리학은 스스로 효력을 창출해 내야만 하는 것이다. 그러다 보면 처음에는 편익의 문제로 간주되던 것이 점점 그리 여겨지기 어려운 문제가 될 수 있을 것이다. 내부 비판이 결여되어 있다면, 내적 비판의 역할은 반대를 제기하는 것이 되어야 한다. 반대에는 두 가지 유형이 있다. 첫 번째는 체제에 의해 세워진 바로 저 목적들에 대한 거부다. 이것은 파시즘에 대한 반파시즘의 반대, 그리고 사회주의에 대한 파시즘의 반대와 같은 것으로 나타난다. 두 번째 유형에서 반대자들은 객관적 목표는 받아들이지만 이를 겨냥하는 주체적 운동에 대해서는 비판적이다. 그는 권력의 변화는 바라지 못하겠지만 주관 자체가 출현하는 것에 대해 논쟁을 벌이는 것은 필수적이라고 여긴다. 그리하여 그는 목적에 의한 수단에 대해, 그리고 수단에 의한 목적에 대해 영구적으로 논쟁할 것을 요구한다. 그는 자기가 활용하는 수단과 자기가 삼은 목적에 의해 파멸하지 않도록 주의해야만 한다. 그리고 무엇보다도 그는 첫 번째 유형의 반대자들의 일부가 되어 봉사하지 않도록 조심해야 한다. 그러나 미묘하게도, 첫 번째 유형의 반대자들의 역할은 그럼에도 불구하고 필수적이다. 사실 그것이 범죄와 압제를 포함한다는 핑계로 해방 행위를 반대하는 것은 한편으로는 불합리하다 하겠다. 왜냐하면 범죄와 압제 없이는 인간의 해방은 결코 가능하지 않기 때문이다. 인간은 독재와 억압을 통해 [하나의] 자유에서 [또 다른] 자유로 이행하는 변증법에서 벗어날 수 없다. 그러나 다른 한편으로 [이와 같은 해방 운동을 수행하던] 그는 해방 운동을 단지 무언가에 반대하는 일로서의 어떤 한순간으로 고착시켜 버렸다는 점에서 떳떳하지 못하다. 압제와 범죄는 자신의 승리를 의기양양해 하며 세상에 확립되어서는 안 된다. 자유의 획득만이 압제와 범죄를 정당하게 만든다. 그리고 그 결과 이것들에 맞서 자유를 주장하는 것이 살아있도록 해야 한다.

결론

이런 식의 윤리학은 개인주의적일까 그렇지 않을까? 만일 이 윤
리학이 개인을 절대적 가치에 부합하도록 하고 자기의 고유한
실존을 건립할 힘이 오직 개인 안에 포함되어 있음을 인정한다
면 그러할 것이다. 고대인들의 지혜, 구원의 그리스도교적 윤리,
가치에 대한 칸트주의적 이념 역시 개인주의라는 이름을 얻을
자격이 있다. 개인주의는 [구체적] 인간man 너머의 인류Mankind
라는 환상을 드높이는 전체주의적 교설과 대립한다. 그러나 이
것은 유아론적이지 않다. 여기서의 개인은 세상 및 다른 개인과
관계를 맺음으로써만 규정되는 것이기 때문이다. 그는 자기를
초월함으로써만 존재한다. 그리고 그의 자유는 오직 타인들의
자유를 통해서만 성취될 수 있다. 그는 내면에서 우러나오는, 그
러나 그를 바깥으로 인도하는 자유와 같은 운동을 통해 자기의
실존을 정당화한다.

　　이러한 개인주의는 개인적 변덕으로 이루어지는 무정부 상

태를 초래하지 않는다. 인간은 자유롭다. 그러나 그는 그의 바로 그 자유 속에서 그만의 법칙을 발견한다. 첫째, 그는 건설의 운동을 통해서 자기의 자유에서 달아나지 말고 그것을 떠맡아야만 한다. 인간은 무언가를 하지 않고서는 존재하지 못한다. 그는 자신과 타인들에 대한 억압을 거부하는 부정적 운동에 의해서도 존재한다. 부정에 있어서 그러한 것처럼, 자유의 건설운동에서 중요한 것은 실존의 우연적 사실성, 다시 말해 아무런 이유 없이 애초부터 거기에 존재하고 있던 주어진 것을 받아들이는 실존의 상황을 바탕으로 삼고 있는 자유를 인간에 의해 의지된 무엇으로서 재정복하는 문제다. 이런 종류의 정복은 결코 완수되지 않는다. 우연은 잔존하고, 그리하여 인간은 자기 의지를 주장할 수 있게 되며, 급기야 원치 않던 잔학행위를 부득이하게 고무시켜야만 하는 상황에 서기도 한다. 그러나 이러한 결핍의 요소가 바로 그의 삶의 조건이다. 인간은 죽음을 꿈꾸지 않고서는 이것을 제거하려는 꿈을 결코 꿀 수 없다. 이는 인간이 결핍에 동의해야만 함을 뜻하는 게 아니다. 그 반대로 인간은 쉼 없이 그것에 투쟁해야 한다는 것을 의미한다.

하지만 승리 없는 이러한 싸움은 순전히 사기가 아닌가? 그저 초월이라는 모략에 불과하다는, 즉 계속 희미하게 멀어지는 목적지를 향해 끝없이 쳇바퀴를 돌리면서 그것을 좇는 것을 자아의 기투라고 말하는 속임수일 뿐이라는 반박이 가능한 것이다.

이것은 개인이 존재해 있을 곳은 인류^{Mankind}를 위해 존재하는 것이라는, 이 격렬한 침체를 진보라고 부르는 얼빠진 짓거리라는 말이다. 또한 인간의 모든 윤리학은 거짓된 과업에 투신하도록 선동하는 것에 불과하다는 것이다. 왜냐하면 이것은 모든 타인들을 위한 가치를 가지고 자기의 실존을 확인하라고 요구하기 때문이다. 이것은 주어진 세상을 미망에 빠진 놀이로 대체해 버린 사람들이 서로 공모하도록 만드는 문제에 불과하지 않은가?

우리는 지금까지 이러한 반론에 대한 답을 시도했다. 이러한 반론은 인간을 비인간적인, 그리고 결과적으로는 잘못된 객체성 위에 위치하게 함으로써만 정식화될 수 있다. 사람들이 인류^{Mankind} 속에 포함되면 기만당할 수 있다. "거짓말"이라는 용어는 사람들이 스스로 건립한 진실에 반대되는 것이라는 의미를 갖고 있다. 그러나 참과 거짓의 기준을 창조하는 것은 인류이기 때문에 인류는 자신을 완전히 속일 수 없다. 플라톤에게 예술은 기만이다. 이데아라는 천상이 존재하기 때문이다. 하지만 세속의 미화된 모든 것은 그것이 현실화되는 즉시 진짜가 된다. 사람들로 하여금 [천상의 이데아가 아니라 지상의] 말, 형상, 색깔, 수학적 정리, 물리적 법칙, 운동 경기의 기량에 가치를 부여하도록 해보라. 그들로 하여금 사랑과 우애의 마음으로 서로에게, 대상에, 사건에 가치를 부여하도록 해보라. 그 즉시 사람들은 가치를 [실제로] **지니게 된다.** 그것도 절대적으로 말이다. 물론 어떤 사람은 지상의 무언가를 사랑하기를 거부할 수도 있다. 그는 이런 거부를 입증하려 할 것이며 자살을 감행함으로써 이 거절을 완수할 것이다. 만약 그가 [현실 세계에 객관적으로] 살 아남는다면, 그가 뭐라고 하든 그 이유는 실존에 집착하는 그 무 언가가 그의 내면에 남아있기 때문이다. 그의 삶은 이러한 집착 과 잘 부합할 것이다. 세상을 진정으로 정당화한다면 그런 한에 서 삶은 스스로 정당화될 것이다.

　　이러한 정당화는 시간과 공간을 관통하고 있는 전 우주에 열려있는 것이기는 하지만, 언제나 유한할 것이다. 누가 무엇을 하건 그는 제한된 작업물 외에는 그 어느 것도 구현하지 못한다. 이런 작업을 통해 스스로를 건립하려고 하는 실존 자체도 한계 지만 죽음도 한계다. 이것은 금욕, 어찌 보면 [엄숙한] 비애를 자아내는 교설을 제공하면서 우리의 유한성을 표명한다. 인간 이 체계를 추상적이고 이론적으로 고찰하게 되면, 그 즉시 자신 을 보편성의 차원에, 그리하여 무한성의 차원에 놓게 된다. 헤 겔의 체계를 읽을 때 무척이나 위안이 되는 까닭은 바로 여기 에 있다. 나는 1940년 8월 국립도서관이라는 비인격적 체계 속 에서 헤겔을 읽으며 엄청난 평온함을 느꼈음을 기억한다. 그러 나 일단 거리로 다시 나가게 되면, 내 삶으로 다시 들어가면, 체 계를 벗어나 진짜 하늘 아래 서게 되면, 그 체계는 내게 아무 쓸 모 없는 것이 되었다. 그것이 무한성을 과시하면서 내게 제공했던 것은 죽음이라는 위안이었다. 그러나 나는 살아있는 사람들 사이에서 다시 살기를 원했다. 나는 실존주의가 오히려 독자에게 추상적 도피의 위로를 제공해 주지 않는다고 생각한다. 실존주의는 어떤 도피도 제시하지 않는다. 그와 반대로 실존주의 윤리학은 삶의 진실 속에서 경험되는 것이다. 그리고 그것은 사람들에게 건넬 수 있는 구원의 유일한 명제로 나타난다. 전지전능한 악마에 맞선 데카르트의 반항과 생각하는 갈대를 으깨 버리는 우주에 대면하고 있는 그의 자긍심을 고려해 볼 때, 한계에도 불구하고, 오히려 한계를 통해 자기의 실존을 하나의 절대로서 달성하는 것은 각 개인에게 달려있다고 하겠다. 우리를 둘러싼 세상이 압도적이라는 사실, 다시 말해 세상이 우리의 두터운 무지, 도래할 파국의 위험, 거대한 집단에 속해 있는 우리의 개별적 취약점을 압도하고 있다는 사실에 관계없이, 여전히 남아있는 사실은 오늘 우리가 절대적으로 자유롭다는 것이다. 우리가 유한성 속에서, 그러니까 무한성에 열려있는 유한성 속에서 실존을 의지하는will 선택을 한다는 조건에서 말이다. 사실 진짜 사랑, 진짜 반란, 진짜 욕망 그리고 진짜 의지를 아는 사람은 자기의 목적을 확신하게 해주는 그 어떤 외적 보증자도 필요로 하지 않는다. 목적에 대한 확신은 그만의 고유한 추진 활동에서 얻게 되는 것이다. 오랜 속담이 일러주는 것처럼, "할 일을 하라. 그러면 무슨 일이든 일어날 것이다." 이 말은 다른 방식으로 말해도 마찬가지가 된다. 즉, 결과는 자기를 목적으로 겨냥하는 가운데 스스로 완수되는 선의지와 다른 게 아니다. 만일 각 개인이 자기가 해야 할 바를 했다면, 실존은 각자 안에서 구해질 것이다. 모든 것이 죽음 안에서 화합하는 파라다이스를 꿈꿀 필요도 없이.

"요즘 학생들 보면 이렇게들 패기가 없어서야 참 걱정이다 싶을 때가 있어. 세세한 스펙 따위 별 상관도 없으니 거기에 목숨 걸고 그러지 말고 큰 꿈을 가져봐.(장강명, 『표백』)" 이 소설에서 대기업 정규직 과장이 된 선배는 취업 준비에 여념 없는 후배들에게 이렇게 말하다가 큰 봉변을 당하였다. '멘토의 조언'이라는 내적 판타지가 '꼰대의 자기 자랑'임이 폭로되어 난도질당하는 이런 일은 현실에서도 자주 일어난다.

실존주의적 삶의 지혜를 담은 이 책도 자칫하면 저 가련한 선배의 신세가 될지 모른다. 인문학이 자기계발 아이템으로 소비되는 한국의 현실을 감안한다면 불안감은 더 커진다. '긍정의 정신'으로 보자면, 이 책의 메시지는 지금의 성공에 만족하지 말고 끊임없이 도전하여 자기계발에 매진하라는 소리로 들릴 듯하다. '긍정의 정신'으로는 이 책을 50쪽도 읽지 않을 테니까. 그러니 실존주의 책을 번역하는 것은 왠지 모르게 열없어지게 된

다. 가뜩이나 철 지난 사조에다가 '이렇게 저렇게 살아야 한다'
는 윤리적 문제를 다루고 있으니 말이다.

그럼에도 불구하고 용기를 내어 이 책을 펼친 독자는 뜻밖
의 소득을 얻게 될 것이다. 특히 가족, 학교, 회사, 국가의 참견
에서 벗어나 자유로운 개인의 행복을 희구하는 사람에게 꽤 많
은 생각거리를 제공한다. 얼핏 생각하기에, 자유로운 개인의 행
복한 삶이란 남이 뭐라건 상관하지 않고 제 좋을대로 사는 것이
라고 할지도 모르겠다. 그러나 인간이란 혼자만 사는 존재가 아
니기 때문에 개인의 자유를 절대적으로 주장하면서 살 수는 없
다. 더구나 나만이 자유를 주장하는 것이 아니라 모두가 저마다
자신의 자유를 주장하게 되면 상황은 더욱 복잡해진다. 저마다
자유를 주장할 경우 충돌은 자명하다. 그때 타인은 자유로운 인
간이 아니라 나의 자유를 방해하고 제한하는 존재로 여겨진다.

나의 자유를 실현하려면 타인의 자유를 억압해야 하는 것일
까? 만일 그렇다면 자유의 실현은 오히려 억압과 구속이 되는 역
설이 발생한다. 이것이 자유를 추구하는 인간이 처한 사실적 존재
상황이다. 보부아르는 이것을 애매성 ambiguïté, ambiguity *이라는 개념

---

*일반적으로 '애매성'은 '모호성'과 구분 없이 사용되지만 엄밀히 따진다면 양
자는 다르다. 논리학에서 애매성의 오류는 어떤 명제나 단어가 두 가지 이상의
의미를 지녀서 그에 대한 명확한 이해가 어려운 상황을 가리킨다. 이 말은 '이
중적 의미'라는 뜻을 지닌 라틴어 ambiguitatem에서 유래하였다. 그래서 일부
에서는 '이중성'이라는 말로 옮기기도 한다. 그러나 나는 논리학의 오랜 용어
법에 따라 '애매성'이라는 역어를 선택하였다.

으로 포착한다. 그에 따르면 인간은 누구나 자유롭지만 이 보편적 자유의 사실 때문에 오히려 자유롭지 않게 되는 애매한 존재 상황에 봉착해 있다. 이것은 자유의 추구를 인간적 삶의 징표로 삼고 있는 사르트르적 실존주의에서는 풀기 어려운 난제였다.

사실 사르트르적 실존주의는 존재의 문제에 집중하고 있을 뿐, 행위의 문제는 소홀히 하고 있다. 이 점은 사르트르의 중심적 사상이 담긴 『존재와 무』에서 잘 나타난다. 도덕의 문제는 천 페이지를 넘는 이 책의 말미에서 전망이라는 관점으로 소략되는 정도다. 이후 사르트르는 가치의 문제를 다룬 글들을 남겼지만* 이것이 『존재와 무』의 입장과 어떻게 양립 가능한지는 여전히 해명 과제로 남아있다.

그렇다면 사르트르의 자유의 존재론은 어떤 것일까? 사르트르는 인간이 자유로운 존재이자 자신을 창조하는 존재라고 생각했다. 자유로서의 인간은 자신의 자유를 실현하고자 기존의 자신과 대상을 부정하고 극복하면서 고유한 실존을 이루어낸다. 나아가 인간은 이러한 달성에 머무르는 것에 만족하지 않고 새로운 부정을 지속적으로 전개한다. 자유와 실존은 이처럼 끊임없는 부정의 과정 속에서 경험된다. 그런데 내가 자유로운 존재가 되려면 자아는 나 이외의 존재를 주체가 아닌 대상으로 삼아야 한다.

*1945년의 강연을 출판한 『실존주의는 휴머니즘이다』와 1983년 사후 유고로 출판된 『도덕을 위한 노트』.

　　사르트르에 따르면 세상에는 세 가지 존재 유형이 있다. 즉 자존재, 대자존재, 타인이 그것이다. 즉자존재란 자기를 의식할 수 없는 존재를 뜻한다. 이것은 자신을 의식의 대상으로 삼지 못하는 무반성적 존재이다. 따라서 자기 존재의 의미를 스스로 부여하지 못하며, 주어져 있는 상황과 세계를 초월하지 못한 채 묵종하며 살아가는 자유롭지 않은 존재이다. 대자존재란 자신과 세상을 의식의 대상으로 삼는 존재이다. 대자존재는 지금 있는 것뿐만 아니라 그것이 미래에 어떻게 있을 것인가에 대해서도 의식의 대상으로 삼는다. 이런 점에서 대자존재는 현재적 상태를 초월하여 미래의 새로운 것을 기획하는 자유로운 의식이다. 존재의 의미는 대자존재가 모든 존재를 의식의 대상으로 삼음으로써 부여된다.

　　그런데 사르트르에게 타인은 나와 마찬가지로 대자존재이다. 대자존재로서 타인은 세상에 존재하는 것들에 의미를 부여할 줄 알고 존재의 의미를 스스로 부여할 수 있다. 나와 타인 모두 대자존재이므로 서로를 의식의 대상으로 삼게 되며, 그 순간 상대방을 대자존재적 주체로 간주하지 않고 즉자존재로 여기게 된다. 이런 면에서 나와 타인의 관계는 상대방을 주체 아닌 대상으로 삼으면서 자신의 주체성을 지키려는 갈등과 부정의 관계가 되어 버린다. 즉 자유를 추구하면 추구할수록 서로의 자유가 부정되는 역설이 벌어지는 것이다. 그렇다면 나의 자유는 상대방의 자유와 양립 불가능한 것일까? 타인을 나의 자유를 실현하기 위한 대상물로 취급하는 존재론에서 과연 모든 인간을 자유로 기꺼이 인정하는 인본주의적 전망이 등장할 수 있을까? 다시 말해 자유로운 나는 타인의 자유를 위해 흔쾌히 희생할 수 있을까? 사르트르의 『존재와 무』에서는 이에 대한 이렇다 할 답을 주지 않는다. 다만 『실존주의는 휴머니즘이다』에서 상대방의 자유를 인정하는 상호주체성의 관계를 만들어야 한다는 문제의식을 내보이고 있을 뿐이다.

보부아르가 전개한 윤리적 사유의 특이성은 바로 이러한 문제의식과 본격적으로 대결한다는 점에서 발견된다. 그녀는 『존재와 무』의 사르트르가 이룩하지 못한 실존주의적 윤리학의 첫발을 떼고 있다. 보부아르는 사르트르와 달리 주체들 간의 자유가 양립 가능하다는 입장을 애매성이라는 개념을 통해 보여준다. 그렇다고 해서 그녀가 나와 타인 간의 대립적 관계를 부정한 것은 아니다. 보부아르는 나와 타인의 관계가 대립인 동시에 화해이며, 자유의 관계이자 억압의 관계이고, 이 둘의 역동적 교차가 이루어지면서 자유가 성립된다는 견해를 제시하기 때문이다.

일차적으로 보부아르의 사고는 사르트르의 관점을 수용하면서 시작된다. 즉 "한 인간의 자유가 거의 항상 다른 개인의 자유와 관계되면서 영향을 미치"기 때문에 양자의 자유는 각자에게 자유지만, 서로에게는 자유를 제한하거나 부정하는 조건이 된다고 본 것이다. 이런 면에서 자유는 자신에게는 절대적이지만 타인과의 관계 속에서는 어쩔 수 없이 제한되어야만 하는 애매한 존재적 사실 위에서 성립한다. 보부아르는 이러한 이중적 상황을 부조리하다거나 모순적이라고 치부하면서 절대적 토대를 마련하려는 윤리학에 비판적이다. 애매성이라는 현실을 인정하지 않으려는 비겁한 태도를 견지하기 때문이다. 그녀는 애매성 자체를 존재론적 사실로 감수하면서 자유의 윤리학을 새롭게 창조할 것을 제안한다.

보부아르는 '타인들의 실존이 나의 존재 상황을 규정'하는 조건이 되지만 그것이 나의 자유를 부정하는 조건으로 작용하기만 하는 것이 아니라 "내 고유한 자유의 조건"이 된다고 주장한다. 즉 타인의 자유는 내 자유의 확장에 있어서 긍정적 계기로 작용할 수 있다(물론 그 역도 그러하다). 이렇게 볼 때, '나의 자유는 오직 타인들의 자유를 통해서만 성취'된다.

부정의 운동에 치우친 사르트르적 자유 개념은 자유를 위한 인간의 기투를 의도하지 않게 맹목적 반항으로 만들어 버릴 수 있다. 타인들에 대립하기만 하면 자신의 자유를 확장시키게 된다는 식의 맹목적 저항의 허무주의를 야기할 수 있는 것이다. 이러한 맹목적 부정의 철학에 빠진 이는 모든 기성 가치에 의해 규정되었던 자신을 부정함으로써 자기가 자유롭다고 자부한다. 그러나 그는 이러한 자유를 적극적 의미의 해방으로 현실화시키지 못한다. 그렇다면 자유로운 실존의 적극적 구현은 어떻게 이루어질 수 있을까? 그것은 타인의 자유를 의지할 때 자기의 자유가 확보됨을 깨닫는 데에서 시작된다. 타인의 자유는 내 자유의 부정적 조건이기도 하지만 내 자유를 실현시키게 하는 긍정적 조건이기도 하다. 양자는 대립으로써 분리되어 있지만 동시에 대립을 매개로 연관되어 있기도 하다.

　보부아르는 이것을 2차대전의 참상을 겪으면서 깨닫는다. 전체주의에 의해 자행된 자유의 부정은 오직 타인의 것만이 아니었다. 그것은 나의 자유에 깊은 영향을 미쳤고, 내 고유한 실존을 방해하였다. 타인의 자유가 억압당하는 현실을 외면한다고 해서 자유로운 나의 일상이 곧바로 사라지는 것은 아니다. 내 옆방의 이웃이 나치에 의해 끌려가더라도 나는 여전히 티타임의 자유를 누릴 수 있다. 그러나 외면은 결국 나를 고립시키며, 나의 대자적 의식은 방금의 외면을 질책하고 나선다. 이런 질책 속에서 나는 어느새 자기에게도 경멸받는 인격이 되고, 결국 천박한 자유인으로 전락한다. 이렇게 나는 자유로운 인격으로 실존하는 길에서 멀어지게 된다.

　이러한 전락에서 벗어나는 길은 타인의 자유와 나의 자유를 적극적으로 연관시키는 데에 있다. 그러한 연관은 타인의 자유가 부정되는 것을 나의 자유의 부정으로 삼으면서 저항하는 실천적 개입을 통해 이루어진다. 비시정부 하에서 독일에게 굴종했던 프랑스인들을 윤리적 타락에서 벗어나게 해준 것은 바로 이런 연대적 저항과 실천적 개입이었다. 타인의 부당한 투옥에 저항함으로써, 그리고 그의 자유를 위해 나의 자유를 희생하는 개입을 결단함으로써 나는 압제에 굴종하는 인격이 아닌 자유로운 자로서 실존하게 된다. 물론 이러한 저항은 폭력을 불가피하게 수반한다. 그것은 적이면서 동시에 인간이기도 한 존재의 자유를 부정하기 때문에 야만적이다. 인간의 자유를 절대적 목적으로 삼아야 한다는 식의 보편적 명령에 충실한 '진지한 정신'의 소유자라면 이 불가피한 폭력의 야만성 앞에서 힘없이 총을 내리고 집으로 돌아가 버릴 것이다. 반면에 혁명 혹은 해방의 세상을 얻기 위해서는 어떤 수단도 감수해야 한다고 믿는 '엄숙한 정신'의 소유자라면 그들도 인간이라는 사실을 망각한 채 서슴없이 방아쇠를 당길 것이다. 보부아르는 저항적 폭력의 정당성을 부정하지 않으면서도 그것이 언제 어느 때 어떠한 방식으로 요청되어야 하는가를 항상 구체적 상황 속에서 고뇌해야 한다고 말한다. 그래야만 자유의 수호를 위해 자유를 부정하는 폭력의 무도함에서 우리를 구원할 수 있기 때문이다.

타인의 자유를 위해 나 스스로 개입하고, 그것의 결과를 고뇌하는 보부아르의 윤리학은 타인과 세상으로부터 고립되어 자기만의 자유를 추구하는 유아론적 윤리가 아니다. 오히려 서로의 자유를 확장시키고 주체로서의 삶을 구현하기 위해 적극적으로 개입하는 참여의 윤리학이자 상호주체적 윤리학이다.

　한 가지 주목해야 할 것은 타인의 자유를 위한 개입이 특정하고도 구체적인 맥락과 관계 맺음의 상황을 계기로 하여 이루어지고 있다는 점이다. 보부아르가 윤리적으로 개입하고자 하는 타인은 추상적 인류가 아니라 오늘의 역사에서 나와 관계를 맺으며 내 앞에 현존하는 구체적 인간들이다. 동지(친구, 이웃, 동료 시민 등)로서의 그들은 나와 연대감으로 묶여있으며, 적으로서의 그들은 적대감으로 관계하고 있다. 나는 동지의 자유를 확장하기 위해, 적의 불의한 폭력에 제동을 걸기 위해 타인의 삶에 개입하고 나의 자유를 희생한다. 이들은 모두 나의 구체적 삶에서 현상하는 사람들이지 보편적 정의의 원칙에 따라 추정되는 존재들이 아니다. 바로 이 점에서 보부아르의 실존주의적 윤리학은 형식적 보편주의를 넘어설 수 있는 상호주체적 윤리학의 가능성을 보여준다고 하겠다.

　세간에서 보부아르는 사르트르의 '똑똑한' 연인쯤으로 알려져 있다. 하지만 실존주의적 윤리학을 전개하고자 한 노력에 비추어 볼 때 그녀를 사르트르의 아류쯤으로 생각하는 관점은 교정되어야 할 것이다. 그러나 우리나라에서 보부아르의 대표 저작이 많이 소개되었음에도 불구하고 그녀는 여전히 페미니스트나 실존주의 문학가로만 알려져 있다. 이 책이 이러한 편향에 균형추 역할을 할 수 있기를 바란다.

사실 윤리에 대한 보부아르의 독자적 입장을 보여주는 저작으로는 이 책 이외에 1944년에 발간된 『피뤼스와 시네아스』 Pyrrhus et Cinéas라는 철학적 에세이도 있다. 프랑스판은 『피뤼스와 시네아스』를 이 책과 함께 묶어 보부아르의 윤리학적 사유를 온전히 보여주고 있다. 『피뤼스와 시네아스』는 오래전 『모든 사람은 혼자다』라는 제목으로 한국에 소개되었다가 이번에 재출간된다고 한다. 이 책과 더불어 『모든 사람은 혼자다』를 읽는다면 보부아르의 윤리적 입장을 이해하는 데 큰 도움이 될 것이다. 아울러 보부아르의 윤리적 문제의식이 어떠한 시대적 배경 속에서 형성되었는지 알고 싶다면 『타인의 피』라는 소설도 살펴보기를 권한다.

이 책은 시몬 드 보부아르가 1947년에 출간한 『애매성의 도덕을 위하여』Pour une morale de l'ambiguïté의 영역본을 중역하였다. 번역으로 삼은 책은 『The Ethics of Ambiguity』(Secaucus, N.J.: Citadel Press, 2000)이다. '아는 데 용감하라Sapere aude!'는 계몽주의 시대의 명구를 핑계로 삼아 번역에 손댔지만 한글판 여기저기엔 역자의 무지가 덕지덕지 묻어있다는 느낌이다. 하지만 역자의 무지는 독자의 현철함에 의해 극복될 수 있다는 믿음에 기대며 역자의 뻔뻔함에 대한 관용을 청한다. 아무쪼록 현명한 독자들께서 역자가 묻힌 무지의 때를 벗겨주시기를 빈다.

_2016년 여름, 한길석.

찾아보기

그러나 혼자만은 아니다